通关监管

百问百答

关务通·新疑难解惑系列

"关务通·新疑难解惑系列"
编委会 ◎ 编

 中国海关 出版社有限公司

中国·北京

图书在版编目（CIP）数据

通关监管百问百答/"关务通·新疑难解惑系列"
编委会编．－－北京：中国海关出版社有限公司，2024.6
（关务通；4. 新疑难解惑系列）
ISBN 978－7－5175－0754－3

Ⅰ．①通…　Ⅱ．①关…　Ⅲ．①进出口贸—商品检验
—中国—问题解答　Ⅳ．①F752.5－44

中国国家版本馆 CIP 数据核字（2024）第 038782 号

通关监管百问百答
TONGGUAN JIANGUAN BAI WEN BAI DA

作　　者："关务通·新疑难解惑系列"编委会
策划编辑：刘　婧
责任编辑：刘　婧
责任印制：王怡莎
出版发行：中国海关出版社有限公司
社　　址：北京市朝阳区东四环南路甲 1 号　　　　邮政编码：100023
编 辑 部：01065194242－7544（电话）
发 行 部：01065194221/4238/4246/4254/5127（电话）
社办书店：01065195616（电话）
　　　　　https://weidian.com/? userid＝319526934（网址）
印　　刷：廊坊一二〇六印刷厂　　　　　　　　　经　　销：新华书店
开　　本：880mm×1230mm　1/32
印　　张：6.875　　　　　　　　　　　　　　　字　　数：185 千字
版　　次：2024 年 6 月第 1 版
印　　次：2024 年 6 月第 1 次印刷
书　　号：ISBN 978－7－5175－0754－3
定　　价：45.00 元

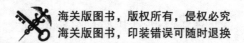

前　言

　　为便于关务人员快速查询、获取相关业务知识，"关务通·新疑难解惑系列"编委会组织编写了"关务通·新疑难解惑系列"丛书。"关务通"系列丛书于2011—2016年陆续出版，因其设计风格独特和内容全面实用深受广大读者的好评，作为"关务通系列"的延续，希望"关务通·新疑难解惑系列"能够为读者提供更好的使用体验。

　　本丛书编写人员长期从事政策解答、业务咨询工作，广泛收集了企业在通关过程中的常见及热点问题，并从中选取企业关心、具有代表性的实务问题，通过对这些问题的梳理和分类，聚焦通关监管、企业管理与稽查、检验检疫、关税征管、加工贸易保税监管、个人行邮监管六个方面，分册编写。

　　"快速查询、快速解决"是本丛书编写的目标。各分册具体包括问、答、文件依据三部分，力求问题简单明晰，回答重点突出。为帮助读者在解决问题的同时，能对应了解相关政策，本丛书各分册还特增加附录，以涵盖部分重点法律法规。

　　各分册所列问答的具体数量根据实际情况而定，未作统一。因时间仓促，水平有限，不足之处还请各位读者见谅并指正。

"关务通·新疑难解惑系列"编委会

2024年4月

目　录

百问百答

1. 某企业进口一批冷冻海鲜，但进口冷冻海鲜入境时的港区不具备存放条件，应如何解决？

答： 对因港区不具备存放条件必须疏港分流的进口冻品、生鲜、特殊物品（微生物、人体组织、生物制品、血液及其制品等）、药品、危险化学品等特殊货物，海关监管作业场所经营人可申请开展疏港分流作业。除上述情况外，仅允许在防止货物阻塞港口的情况下，申请开展疏港分流作业。

文件依据：《关于明确进口货物疏港分流有关事项的公告》（海关总署公告2018年第168号）。

2. 海关对进口货物疏港分流作业有什么要求？

答： 进口货物疏港分流作业，应在同一港口范围内由一个港区向另一个港区，或由一个港区向从事公共堆存的海关监管作业场所开展。进口固体废物禁止办理疏港分流业务。疏港分流货物需开展境内公路运输的，应施加海关封志或商业封志。

文件依据：《关于明确进口货物疏港分流有关事项的公告》（海关总署公告2018年第168号）。

3. **哪些进出境货物可以在港口进行中转集拼?**

答: 进出境中转集拼货物有以下3种:

（一）需在境内拆拼的国际转运货物;

（二）与国际转运货物拼箱进境并在境内拆箱的进口货物;

（三）与国际转运货物拼箱出境的出口货物。

文件依据:《关于海运进出境中转集拼货物海关监管事项的公告》

（海关总署公告2018年第120号）。

4. **中转集拼货物境内拆拼箱作业场所应满足哪些条件?**

答: 中转集拼货物境内拆拼箱作业应当在进境地口岸水路运输类海关监管作业场所（简称"作业场所"）内开展,并且满足以下条件:

（一）作业场所所处的海关监管区内应当配备满足海关监管需要的大型集装箱/车辆检查设备和辐射探测设备。

（二）作业场所内应当设置专门用于进出境中转集拼货物作业的仓库或者场地（简称"集拼作业区"）,集拼作业区与作业场所其他区域应当进行物理隔离;集拼作业区内应当设置拆箱、拼箱、堆存、查验、查扣等作业功能区,各作业功能区间应当相对独立,并设有明显标识;堆存作业功能区应当按照货物类别分类堆存、分票独立存放;拆箱、拼箱作业功能区内应当配置货检X光机或者CT扫描设备。

（三）中转集拼货物拆拼等作业应当全部在集拼作业区内完成。

（四）集拼作业区内禁止存放非中转集拼货物。

（五）集拼作业区与海关联网的信息化管理系统，应当实现对货物进出集拼作业区、拆箱、位移、拼装等作业的系统管控，并且能够按照海关要求实现电子数据的传送、交换。

文件依据：《关于海运进出境中转集拼货物海关监管事项的公告》（海关总署公告2018年第120号）。

5. 哪些货物不能开展中转集拼业务？

答：对于检疫风险高的进口肉类、水产品等食品，不允许开展中转集拼业务。对于允许中转集拼的食品，应当确保符合食品安全防护相关要求，不得造成食品污染，不得与危险化学品、废旧物品以及放射性物品等产品集拼。

文件依据：《关于海运进出境中转集拼货物海关监管事项的公告》（海关总署公告2018年第120号）。

6. 什么是"跨境电子商务企业"和"跨境电子商务企业境内代理人"？

答："跨境电子商务企业"是指自境外向境内消费者销售跨境电子商务零售进口商品的境外注册企业（不包括在海关特殊监管区域或保税物流中心内注册的企业），或者境内向境外消费者销售跨境电子商务零售出口商品的企业，为商品的货权所有人。

"跨境电子商务企业境内代理人"是指开展跨境电子商务零售进口业务的境外注册企业所委托的境内代理企业，由其在海关办理注册登记，承担如实申报责任，依法接受相关部门监管，并承担民事责任。

文件依据：《关于跨境电子商务零售进出口商品有关监管事宜的公告》（海关总署公告 2018 年第 194 号）。

7. 什么是"跨境电子商务平台企业"？

答："跨境电子商务平台企业"是指在境内办理工商登记，为交易双方（消费者和跨境电子商务企业）提供网页空间、虚拟经营场所、交易规则、信息发布等服务，设立供交易双方独立开展交易活动的信息网络系统的经营者。

文件依据：《关于跨境电子商务零售进出口商品有关监管事宜的公告》（海关总署公告 2018 年第 194 号）。

8. 企业注册成为跨境电子商务企业，应如何向海关办理相关登记手续？

答：跨境电子商务平台企业、物流企业、支付企业等参与跨境电子商务零售进口业务的企业，应当依据海关报关单位注册登记管理相关规定，向所在地海关办理注册登记；境外跨境电子商务企业应委托境内代理人向该代理人所在地海关办理注册登记。跨境电子商务企业、物流企业等参与跨境电子商务零售出口业务的企业，应当向所在地海关办理信息登记；如需办理报关业务，应向所在地海关办理注册登记。

文件依据：《关于跨境电子商务零售进出口商品有关监管事宜的公告》（海关总署公告2018年第194号）。

9. **参与跨境电子商务零售进出口业务的企业，是否纳入海关信用管理？**

答： 参与跨境电子商务零售进出口业务并在海关注册登记的企业，纳入海关信用管理，海关根据信用等级实施差异化的通关管理措施。

文件依据：《关于跨境电子商务零售进出口商品有关监管事宜的公告》（海关总署公告2018年第194号）。

10. **跨境电子商务直购进口商品及适用"网购保税进口"（监管方式代码1210）进口政策的商品，申报时是否需要向海关提交许可证件？**

答： 跨境电子商务直购进口商品及适用"网购保税进口"（监管方式代码1210）进口政策的商品，按照个人自用进境物品监管，不执行有关商品首次进口许可批件、注册或备案要求。相关部门明令暂停进口的疫区商品和出现重大质量安全风险的商品启动风险应急处置时除外。

文件依据：《关于跨境电子商务零售进出口商品有关监管事宜的
公告》（海关总署公告2018年第194号）。

11. 通过跨境电子商务平台购买的进口商品，海关对该商品进行征税时，如何确定该商品的完税价格？

答： 对跨境电子商务零售进口商品，海关按照国家关于跨境电子商务零售进口税收政策征收关税和进口环节增值税、消费税，完税价格为实际交易价格，包括商品零售价格、运费和保险费。

文件依据：《关于跨境电子商务零售进出口商品有关监管事宜的
公告》（海关总署公告2018年第194号）。

12. 跨境电子商务零售进口商品的纳税义务人是谁？

答： 跨境电子商务零售进口商品消费者（订购人）为纳税义务人。在海关注册登记的跨境电子商务平台企业、物流企业或申报企业作为税款的代收代缴义务人，代为履行纳税义务，并承担相应的补税义务及相关法律责任。代收代缴义务人应当如实、准确向海关申报跨境电子商务零售进口商品的商品名称、规格型号、税则号列、实际交易价格及相关费用等税收征管要素。

文件依据:《关于跨境电子商务零售进出口商品有关监管事宜的
公告》(海关总署公告2018年第194号)。

13. 海关对跨境电子商务零售进出口商品的退货是如何规定的?

答:在跨境电子商务零售进口模式下,允许跨境电子商务企业境
内代理人或其委托的报关企业申请退货,退回的商品应当
符合二次销售要求并在海关放行之日起30日内以原状运抵
原监管作业场所,相应税款不予征收,并调整个人年度交
易累计金额。在跨境电子商务零售出口模式下,退回的商
品按照有关规定办理有关手续。对超过保质期或有效期、
商品或包装损毁、不符合我国有关监管政策等不适合境内
销售的跨境电子商务零售进口商品,以及海关责令退运的
跨境电子商务零售进口商品,按照有关规定退运出境或
销毁。

文件依据:《关于跨境电子商务零售进出口商品有关监管事宜的
公告》(海关总署公告2018年第194号)。

14. 消费者通过跨境电商零售进口能买到哪些商品?

答:为促进跨境电子商务零售进口健康发展,满足人民美好生活
需要,自2022年3月1日起,优化调整《跨境电子商务零售

进口商品清单（2019年版）》。调整事项见《关于调整跨境
电子商务零售进口商品清单的公告》附件。

文件依据:《关于调整跨境电子商务零售进口商品清单的公告》
（财政部　发展改革委　工业和信息化部　生态环境
部　农业农村部　商务部　海关总署　中华人民共和
国濒危物种进出口管理办公室公告2022年第7号）。

15. 购买跨境电商零售进口商品有限额规定吗?

答: 根据《财政部　海关总署　税务总局关于完善跨境电子商务
零售进口税收政策的通知》有关规定，跨境电子商务零售进
口商品的单次交易限值由人民币2000元提高至人民币5000
元，年度交易限值由人民币20000元提高至人民币26000元。

文件依据:《财政部　海关总署　税务总局关于完善跨境电子商务
零售进口税收政策的通知》（财关税〔2018〕49号）。

16. 自跨境电商平台购买的商品，若完税价格为2万元，
且订单下仅1件商品时，海关如何征税?

答: 完税价格超过5000元单次交易限值但低于26000元年度交易
限值，且订单下仅1件商品时，可以自跨境电商零售渠道进
口，按照货物税率全额征收关税和进口环节增值税、消费
税，交易额计入年度交易总额，但年度交易总额超过年度交
易限值的，应按一般贸易管理。

文件依据：《财政部　海关总署　税务总局关于完善跨境电子商务
零售进口税收政策的通知》（财关税〔2018〕49号）。

17. 已经购买的电商进口商品能否进入国内市场再次销售？

答：已经购买的电商进口商品属于消费者个人使用的最终商品，
不得进入国内市场再次销售；原则上不允许网购保税进口
商品在海关特殊监管区域外开展"网购保税+线下自提"
模式。

文件依据：《财政部　海关总署　税务总局关于完善跨境电子商务
零售进口税收政策的通知》（财关税〔2018〕49号）。

18. 跨境电子商务零售进口商品，需要缴纳哪些税？

答：跨境电子商务零售进口商品按照货物征收关税和进口环节增
值税、消费税，购买跨境电子商务零售进口商品的个人作为
纳税义务人，实际交易价格（包括货物零售价格、运费和保
险费）作为完税价格，电子商务企业、电子商务交易平台企
业或物流企业可作为代收代缴义务人。

文件依据：《财政部　海关总署　国家税务总局关于跨境电子商务
零售进口税收政策的通知》（财关税〔2016〕18号）。

19. 什么是跨境电子商务零售进口退货中心仓模式?

答: 退货中心仓模式是指在跨境电商零售进口模式下,跨境电商
企业境内代理人或其委托的海关特殊监管区域内仓储企业可
在海关特殊监管区域内设置跨境电商零售进口商品退货专用
存储地点,将退货商品的接收、分拣等流程在原海关特殊监
管区域内开展的海关监管制度。

文件依据:《关于全面推广跨境电子商务零售进口退货中心仓模
式的公告》(海关总署公告2021年第70号)。

20. 跨境电子商务零售进口退货中心仓模式,适用于哪
种模式下的跨境电商进口商品退货?

答: 跨境电子商务零售进口退货中心仓模式适用于海关特殊监管
区域内开展的跨境电子商务网购保税零售进口(监管方式代
码1210)商品的退货。

文件依据:《关于全面推广跨境电子商务零售进口退货中心仓模
式的公告》(海关总署公告2021年第70号)。

21. 海关对申请设置退货中心仓企业的信用等级是否有
要求?

答: 申请设置退货中心仓并据此开展退货管理业务的退货中心仓
企业,其海关信用等级不得为失信企业。

文件依据：《关于全面推广跨境电子商务零售进口退货中心仓模
式的公告》（海关总署公告2021年第70号）。

22. 退货中心仓企业如何接受海关监管？

答：退货中心仓企业开展退货业务时，应划定专门区位，配备
与海关联网的视频监控系统，使用计算机仓储管理系统
（WMS）对退货中心仓内商品的分拣、理货等作业进行信息
化管理，并按照海关规定的方式与海关信息化监管系统联
网，向海关报送能够满足监管要求的相关数据，接受海关
监管。

文件依据：《关于全面推广跨境电子商务零售进口退货中心仓模
式的公告》（海关总署公告2021年第70号）。

23. 跨境电子商务出口退运商品，符合哪些条件可以免
征进口关税和进口环节增值税、消费税？

答：对自本公告印发之日起1年内在跨境电子商务海关监管代
码1210、9610、9710、9810项下申报出口，因滞销、退货
原因，自出口之日起6个月内原状退运进境的商品（不含食
品），免征进口关税和进口环节增值税、消费税。

文件依据：《关于跨境电子商务出口退运商品税收政策的公告》

（财政部　海关总署　税务总局公告2023年第4号）。

24. 消费者可以通过哪些渠道查询跨境电商个人消费额度、税款及通关信息？

答：（一）登录中国国际贸易单一窗口（https://www.singlewindow.cn），点击全部应用—口岸执法申报—跨境电商—公共服务，以个人用户方式注册查询。

（二）通过"掌上海关"App/微信小程序，注册登录后查询。

（三）消费者对相关记录信息有疑问，且经查询核实确属个人额度被盗用的，可以提供相关信息向12360海关热线举报投诉。

25. 报关单上"进出口日期"一栏应如何填制？

答：进口日期填报运载进口货物的运输工具申报进境的日期。出口日期指运载出口货物的运输工具办结出境手续的日期，在申报时免予填报。无实际进出境的货物，填报海关接受申报的日期。进出口日期为8位数字，顺序为年（4位）、月（2位）、日（2位）。

文件依据：《关于修订〈中华人民共和国海关进出口货物报关单填制规范〉的公告》（海关总署公告2019年第18号）。

26. 报关单上"货物存放地点"一栏应如何填制？

答：货物存放地点应填报货物进境后存放的场所或地点，包括海关监管作业场所、分拨仓库、定点加工厂、隔离检疫场、企业自有仓库等。

文件依据：《关于修订〈中华人民共和国海关进出口货物报关单填制规范〉的公告》（海关总署公告2019年第18号）。

27. 报关单上"包装种类"一栏应如何填制？

答：填报进出口货物的所有包装材料，包括运输包装和其他包装，按海关规定的《包装种类代码表》选择填报相应的包装种类名称及代码。运输包装指提运单所列货物件数单位对应的包装，其他包装包括货物的各类包装及植物性铺垫材料等。

文件依据：《关于修订〈中华人民共和国海关进出口货物报关单填制规范〉的公告》（海关总署公告2019年第18号）。

28. 报关单上"境外收发货人"一栏应如何填制？

答：境外收货人通常指签订并执行出口贸易合同中的买方或合同指定的收货人，境外发货人通常指签订并执行进口贸易合同

中的卖方。填报境外收发货人的名称及编码。名称一般填报
英文名称，检验检疫要求填报其他外文名称的，在英文名
称后填报，以半角括号分隔。对于经认证经营者（AEO）互
认国家（地区）企业的，编码填报 AEO 编码，填报样式为
"国别（地区）代码 + 海关企业编码"，如新加坡 AEO 企业
SG123456789012（新加坡国别代码 +12 位企业编码）。非互
认国家（地区）AEO 企业等其他情形，编码免予填报。特殊
情况下无境外收发货人的，名称及编码填报 "NO"。

文件依据：《关于修订〈中华人民共和国海关进出口货物报关单
填制规范〉的公告》（海关总署公告 2019 年第 18 号）。

29. 报关单上"征免性质"一栏怎么填报？

答： 根据实际情况按海关规定的《征免性质代码表》选择填报相
应的征免性质简称及代码，持有海关核发的《征免税证明》
的，按照《征免税证明》中批注的征免性质填报。一份报关
单只允许填报一种征免性质。加工贸易货物报关单按照海
关核发的《加工贸易手册》中批注的征免性质简称及代码填
报。特殊情况填报要求如下：

（一）加工贸易转内销货物，按实际情况填报（如一般征税、
科教用品、其他法定等）；

（二）料件退运出口、成品退运进口货物填报"其他法定"；

（三）加工贸易结转货物，免予填报；

（四）免税品经营单位经营出口退税国产商品的，填报"其他法定"。

文件依据:《关于修订〈中华人民共和国海关进出口货物报关单填制规范〉的公告》（海关总署公告2019年第18号）。

30. 报关单上"许可证号"一栏怎么填报?

答: 填报进（出）口许可证、两用物项和技术进（出）口许可证、两用物项和技术出口许可证（定向）、纺织品临时出口许可证、出口许可证（加工贸易）、出口许可证（边境小额贸易）的编号。免税品经营单位经营出口退税国产商品的，免予填报。一份报关单只允许填报一个许可证号。

文件依据:《关于修订〈中华人民共和国海关进出口货物报关单填制规范〉的公告》（海关总署公告2019年第18号）。

31. 向海关申请设立出口监管仓库的经营企业，应当具备什么条件?

答: 申请设立出口监管仓库的经营企业，应当具备下列条件:

（一）已经在工商行政管理部门注册登记，具有企业法人资格;

（二）具有进出口经营权和仓储经营权;

（三）具有专门存储货物的场所，其中出口配送型仓库的面积不得低于2000平方米，国内结转型仓库的面积不得低于1000平方米。

文件依据：《中华人民共和国海关对出口监管仓库及所存货物的
管理办法》（海关总署令第133号）。

32. 海关出口监管仓库可以存放哪些货物?

答：经海关批准，出口监管仓库可以存放下列货物：

（一）一般贸易出口货物；

（二）加工贸易出口货物；

（三）从其他海关特殊监管区域、保税监管场所转入的出口
货物；

（四）出口配送型仓库可以存放为拼装出口货物而进口的货
物，以及为改换出口监管仓库货物包装而进口的包装物料；

（五）其他已办结海关出口手续的货物。

文件依据：《中华人民共和国海关对出口监管仓库及所存货物的
管理办法》（海关总署令第133号）。

33. 什么是电子数据报关单申报形式和纸质报关单申报
形式?

答：申报采用电子数据报关单申报形式或者纸质报关单申报形
式。电子数据报关单和纸质报关单均具有法律效力。

电子数据报关单申报形式是指进出口货物的收发货人、受委
托的报关企业通过计算机系统按照《中华人民共和国海关进
出口货物报关单填制规范》的要求向海关传送报关单电子数

据并且备齐随附单证的申报方式。

纸质报关单申报形式是指进出口货物的收发货人、受委托的报关企业，按照海关的规定填制纸质报关单，备齐随附单证，向海关当面递交的申报方式。

文件依据：《中华人民共和国海关进出口货物申报管理规定》（海关总署令第103号）。

34. 企业必须以电子数据报关单形式向海关申报吗？可以采用纸质报关单形式申报吗？

答：进出口货物的收发货人、受委托的报关企业应当以电子数据报关单形式向海关申报，与随附单证一并递交的纸质报关单的内容应当与电子数据报关单一致；特殊情况下经海关同意，允许先采用纸质报关单形式申报，电子数据事后补报，补报的电子数据应当与纸质报关单内容一致。在向未使用海关信息化管理系统作业的海关申报时可以采用纸质报关单申报形式。

文件依据：《中华人民共和国海关进出口货物申报管理规定》（海关总署令第103号）。

35. 海关对企业办理进出口货物申报手续的人员有什么要求？

答：为进出口货物的收发货人、受委托的报关企业办理申报手续的人员，应当是在海关备案的报关人员。

文件依据：《中华人民共和国海关进出口货物申报管理规定》（海
关总署令第103号）。

36. 什么是申报日期?

答：申报日期是指申报数据被海关接受的日期。不论以电子数据
报关单方式申报或者以纸质报关单方式申报，海关以接受申
报数据的日期为接受申报的日期。

以电子数据报关单方式申报的，申报日期为海关计算机系统接
受申报数据时记录的日期，该日期将反馈给原数据发送单位，
或者公布于海关业务现场，或者通过公共信息系统发布。

以纸质报关单方式申报的，申报日期为海关接受纸质报关单
并且对报关单进行登记处理的日期。

文件依据：《中华人民共和国海关进出口货物申报管理规定》（海
关总署令第103号）。

37. 海关已接受申报的报关单电子数据，经人工审核确认退回企业修改，企业完成修改并且重新发送报关单电子数据的情况下，申报日期该如何确定?

答：海关已接受申报的报关单电子数据，人工审核确认需要退回
修改的，进出口货物收发货人、受委托的报关企业应当在10
日内完成修改并且重新发送报关单电子数据，申报日期仍为
海关接受原报关单电子数据的日期；超过10日的，原报关单

无效，进出口货物收发货人、受委托的报关企业应当另行向海关申报，申报日期为海关再次接受申报的日期。

文件依据：《中华人民共和国海关进出口货物申报管理规定》（海关总署令第103号）。

38. 报关企业接受进出口货物收发货人的委托，办理报关手续时，应当对委托人所提供的情况进行审查，审查内容包括哪些？

答：报关企业接受进出口货物收发货人委托办理报关手续的，应当与进出口货物收发货人签订有明确委托事项的委托协议，进出口货物收发货人应当向报关企业提供委托报关事项的真实情况。报关企业接受进出口收发货人的委托，办理报关手续时，应当对委托人所提供情况的真实性、完整性进行合理审查，审查内容包括：

（一）证明进出口货物的实际情况的资料，包括进出口货物的品名、规格、用途、产地、贸易方式等；

（二）有关进出口货物的合同、发票、运输单据、装箱单等商业单据；

（三）进出口所需的许可证件及随附单证；

（四）海关总署规定的其他进出口单证。

报关企业未对进出口货物的收发货人提供情况的真实性、完整性履行合理审查义务或者违反海关规定申报的，应当承担相应的法律责任。

文件依据：《中华人民共和国海关进出口货物申报管理规定》（海
关总署令第103号）。

39. 进口货物的收货人，向海关申报前，因无法确定进口货物的归类，能否向海关申请查看货物或者提取货样？

答：进口货物的收货人，向海关申报前，基于确定货物的品名、规格、
型号、归类等原因，可以向海关提出查看货物或者提取货样的书
面申请。海关审核同意的，派员到场实际监管。查看货物或者
提取货样时，海关开具取样记录和取样清单；提取货样的货物
涉及动植物及产品以及其他须依法提供检疫证明的，应当在依
法取得有关批准证明后提取。提取货样后，到场监管的海关关
员与进口货物的收货人在取样记录和取样清单上签字确认。

文件依据：《中华人民共和国海关进出口货物申报管理规定》（海
关总署令第103号）。

40. 货物报关单上应当随附的单证包括哪些？

答：货物报关单应当随附的单证包括：

（一）合同；

（二）发票；

（三）装箱清单；

（四）载货清单（舱单）；

（五）提（运）单；

（六）代理报关授权委托协议；

（七）进出口许可证件；

（八）海关总署规定的其他进出口单证。

文件依据：《中华人民共和国海关进出口货物申报管理规定》（海
关总署令第103号）。

41. 运输工具进境后几天内需向海关办理申报手续？

答：进口货物的收货人、受委托的报关企业应当自运输工具申报
进境之日起14日内向海关申报。进口转关运输货物的收货
人、受委托的报关企业应当自运输工具申报进境之日起14日
内，向进境地海关办理转关运输手续，有关货物应当自运抵指
运地之日起14日内向指运地海关申报。出口货物发货人、受委
托的报关企业应当在货物运抵海关监管区后、装货的24小时以
前向海关申报。超过规定时限未向海关申报的，海关按照《中
华人民共和国海关征收进口货物滞报金办法》征收滞报金。

文件依据：《中华人民共和国海关进出口货物申报管理规定》（海
关总署令第103号）。

42. 海关对出口货物的申报时限是如何规定的？

答：出口货物发货人、受委托的报关企业应当在货物运抵海关监

管区后、装货的24小时以前向海关申报。超过规定时限未向
海关申报的，海关按照《中华人民共和国海关征收进口货物
滞报金办法》征收滞报金。

文件依据：《中华人民共和国海关进出口货物申报管理规定》（海
关总署令第103号）。

43. 品目3303、3304项下的化妆品作进口申报时，包装标
注含量以重量计的化妆品，按照什么来申报？

答： 进口货物收货人及其代理人申报品目3303、3304项下
的化妆品时，应按以下规定填报：包装标注含量以重量
计的化妆品，按照净含量申报第一法定数量，即液体/
乳状/膏状/粉状部分的重量；按照有独立包装的瓶/罐/支等
数量申报第二法定数量。

文件依据：《关于调整部分进口化妆品申报要求的公告》（海关总
署公告2022年第51号）。

44. 品目3303、3304项下的化妆品作进口申报时，包装
标注含量以体积计的化妆品，如何申报？

答： 进口货物收货人及其代理人申报品目3303、3304项下的化
妆品时，应按以下规定填报：包装标注含量以体积计的化妆
品，按照净含量1升等于1千克的换算关系申报第一法定数
量，即液体/乳状/膏状/粉状部分的体积；按照有独立包装
的瓶/罐/支等数量申报第二法定数量。

文件依据：《关于调整部分进口化妆品申报要求的公告》（海关总署公告2022年第51号）。

45. 报关单内容能否不经修改直接予以撤销，再重新填制申报？

答：进出口货物报关单的修改或者撤销，应当遵循修改优先原则；确实不能修改的，予以撤销。

文件依据：《中华人民共和国海关进出口货物报关单修改和撤销管理办法》（海关总署令第220号）。

46. 海关发现进出口货物报关单需要修改或者撤销，可以采取哪些方式主动要求当事人修改或者撤销？

答：海关发现进出口货物报关单需要修改或者撤销，可以采取以下方式主动要求当事人修改或者撤销：

（一）将电子数据报关单退回，并详细说明修改的原因和要求，当事人应当按照海关要求进行修改后重新提交，不得对报关单其他内容进行变更；

（二）向当事人制发《进出口货物报关单修改/撤销确认书》，通知当事人要求修改或者撤销的内容，当事人应当在5日内对进出口货物报关单修改或者撤销的内容进行确认，确认后海关完成对报关单的修改或者撤销。

文件依据：《中华人民共和国海关进出口货物报关单修改和撤销管理办法》（海关总署令第220号）。

47. 遇有哪些情形，海关可以直接撤销相应的电子数据报关单？

答：除不可抗力外，当事人有以下情形之一的，海关可以直接撤销相应的电子数据报关单：

（一）海关将电子数据报关单退回修改，当事人未在规定期限内重新发送的；

（二）海关审结电子数据报关单后，当事人未在规定期限内递交纸质报关单的；

（三）出口货物申报后未在规定期限内运抵海关监管场所的；

（四）海关总署规定的其他情形。

文件依据：《中华人民共和国海关进出口货物报关单修改和撤销管理办法》（海关总署令第220号）。

48. 企业进口的一批货物因在运输过程中发生短装，导致原申报数据与实际货物不符，可以向海关申请办理报关单修改手续吗？

答：进出口货物在装载、运输、存储过程中发生溢短装，或者由于不可抗力造成灭失、短损等，导致原申报数据与实际货物不符的，当事人可以向原接受申报的海关办理进出口货物报关单修改或者撤销手续，海关另有规定的除外。

文件依据：《中华人民共和国海关进出口货物报关单修改和撤销管理办法》（海关总署令第220号）。

49. 出口货物放行后，由于装运原因造成原申报货物需全部变更运输工具，能否向海关申请办理报关单修改手续？

答：出口货物放行后，由于装运、配载等原因造成原申报货物部分或者全部退关、变更运输工具的，当事人可以向原接受申报的海关办理进出口货物报关单修改或者撤销手续，海关另有规定的除外。

文件依据：《中华人民共和国海关进出口货物报关单修改和撤销管理办法》（海关总署令第220号）。

50. 企业办理了海关事务担保导致申报数据需要修改，能否向海关申请修改或者撤销报关单数据？

答：由于办理退补税、海关事务担保等其他海关手续而需要修改或者撤销报关单数据的，当事人可以向原接受申报的海关办理进出口货物报关单修改或者撤销手续，海关另有规定的除外。

文件依据：《中华人民共和国海关进出口货物报关单修改和撤销管理办法》（海关总署令第220号）。

51. 企业根据贸易惯例先行采用暂时价格成交，实际结算时付款方式是按照国际市场实际价格确定的，是否可以向海关申请修改报关单数据？

答：根据贸易惯例先行采用暂时价格成交、实际结算时按商检品

质认定或者国际市场实际价格付款方式需要修改申报内容
的，当事人可以向原接受申报的海关办理进出口货物报关单
修改或者撤销手续，海关另有规定的除外。

文件依据：《中华人民共和国海关进出口货物报关单修改和撤销
管理办法》（海关总署令第220号）。

52. 报关人员操作失误造成申报内容需要修改或者撤销，
当事人应向海关提交哪些材料？

答： 由于报关人员操作或者书写失误造成申报内容需要修改或者
撤销的，当事人应当向海关提交《进出口货物报关单修改/
撤销表》和下列材料：

（一）可以反映进出口货物实际情况的合同、发票、装箱单、
提运单或者载货清单等相关单证；

（二）详细情况说明以及相关证明材料。

海关未发现报关人员存在逃避海关监管行为的，可以修改或
者撤销报关单。不予修改或者撤销的，海关应当及时通知当
事人，并且说明理由。

文件依据：《中华人民共和国海关进出口货物报关单修改和撤销
管理办法》（海关总署令第220号）。

53. 某企业进口的一批货物，若海关正在查验中，能否
办理报关单的修改或撤销？

答： 海关已经决定布控、查验以及涉嫌走私或者违反海关监管规

定的进出口货物，在办结相关手续前不得修改或者撤销报关单及其电子数据。

文件依据：《中华人民共和国海关进出口货物报关单修改和撤销管理办法》（海关总署令第 220 号）。

54. 对于征收进口货物滞报金的起征日，海关是如何规定的?

答：征收进口货物滞报金应当按日计征，以自运输工具申报进境之日起第 15 日为起征日，以海关接受申报之日为截止日，起征日和截止日均计入滞报期间，另有规定的除外。

文件依据：《中华人民共和国海关征收进口货物滞报金办法》（海关总署令第 128 号）。

55. 滞报金的日征收金额是如何计算的?

答：滞报金的日征收金额为进口货物完税价格的 0.5‰，以人民币"元"为计征单位，不足人民币 1 元的部分免予计征。征收滞报金的计算公式为：进口货物完税价格 × 0.5‰ × 滞报期间。滞报金的起征点为人民币 50 元。

文件依据：《中华人民共和国海关征收进口货物滞报金办法》（海关总署令第 128 号）。

56. 转关运输的进口货物滞报金的起征日是如何规定的?

答: 转关运输货物在进境地申报的,应当以自载运进口货物的运
输工具申报进境之日起第15日为起征日;在指运地申报的,
应当以自货物运抵指运地之日起第15日为起征日;邮运进口
转关运输货物在进境地申报的,应当以自运输工具申报进境
之日起第15日为起征日;在指运地申报的,应当以自邮政企
业向海关驻邮局办事机构申报总包之日起第15日为起征日。

文件依据:《中华人民共和国海关征收进口货物滞报金办法》(海
关总署令第128号)。

57. 遇有哪些情形,进口货物收货人可以向申报地海关
申请减免滞报金?

答: 有下列情形之一的,进口货物收货人可以向申报地海关申请
减免滞报金:

(一)政府主管部门有关贸易管理规定变更,要求收货人补
充办理有关手续或者政府主管部门延迟签发许可证件,导致
进口货物产生滞报的;

(二)产生滞报的进口货物属于政府间或者国际组织无偿援
助和捐赠用于救灾、社会公益福利等方面的进口物资或者其
他特殊货物的;

(三)因不可抗力收货人无法在规定期限内申报,从而产生
滞报的;

（四）因海关及相关司法、行政执法部门工作原因致使收货人无法在规定期限内申报，从而产生滞报的；

（五）其他经海关批准的特殊情况。

文件依据：《中华人民共和国海关征收进口货物滞报金办法》（海关总署令第128号）。

58. 遇有哪些情形，海关不予征收滞报金?

答：有下列情形之一的，海关不予征收滞报金：

（一）收货人在运输工具申报进境之日起超过3个月未向海关申报，进口货物被依法变卖处理，余款按《中华人民共和国海关法》第三十条规定上缴国库的；

（二）进口货物收货人在申报期限内，根据《中华人民共和国海关法》有关规定向海关提供担保，并在担保期限内办理有关进口手续的；

（三）进口货物收货人申报后依法撤销原报关单电子数据重新申报，因删单重报产生滞报的；

（四）进口货物办理直接退运的；

（五）进口货物应征收滞报金金额不满人民币50元的。

文件依据：《中华人民共和国海关征收进口货物滞报金办法》（海关总署令第128号）。

59. 目前海关业务现场还能打印《海关进口货物滞报金专用票据》吗?

答: 自2020年1月17日起,海关业务现场不再打印滞报金票据,进口货物收货人缴纳进口货物滞报金后可通过"国际贸易单一窗口"标准版、"互联网+海关"自行打印版式《中央非税收入统一票据》。

文件依据:《关于滞报金票据电子化有关事宜的公告》(海关总署公告2020年第10号)。

60. 某航运公司准备开展内外贸集装箱同船运输业务,需要向哪个海关办理备案手续?

答: 航运公司拟开展内外贸集装箱同船运输业务的,应当参照海关对承运海关监管货物运输工具监管的相关要求,向主管地直属海关办理船舶备案手续。

文件依据:《关于调整内外贸集装箱同船运输以及国际航行船舶沿海捎带业务有关事项的公告》(海关总署公告2022年第12号)。

61. 某航运公司拟开展国际航行船舶沿海捎带业务,需要向哪个海关办理备案手续?

答: 航运公司拟开展国际航行船舶沿海捎带业务的,应当参照海关对承运海关监管货物运输工具监管的相关要求,向业务经营地直属海关办理船舶备案手续。

文件依据:《关于调整内外贸集装箱同船运输以及国际航行船舶沿海捎带业务有关事项的公告》(海关总署公告2022年第12号)。

62. **拟开展国际航行船舶沿海捎带业务的中资控股非中国籍船舶,办理备案手续前需要符合什么条件?**

答: 拟开展国际航行船舶沿海捎带业务,为中资航运公司全资或控股拥有的非中国籍国际航行船舶,应当获得交通运输部核发的《中资非五星旗国际航行船舶试点沿海捎带业务备案证明书》后,方可办理备案手续。

文件依据:《关于调整内外贸集装箱同船运输以及国际航行船舶沿海捎带业务有关事项的公告》(海关总署公告2022年第12号)。

63. **企业进口印刷品及音像制品,是否需要有关部门批准及指定经营?**

答: 印刷品及音像制品的进口业务,由国务院有关行政主管部门批准或者指定经营。未经批准或者指定,任何单位或者个人不得经营印刷品及音像制品进口业务。其他单位或者个人进口印刷品及音像制品,应当委托国务院相关行政主管部门指定的进口经营单位向海关办理进口手续。

文件依据:《中华人民共和国海关进出境印刷品及音像制品监管办法》(海关总署令第161号)。

64. 进出境运输工具在海关办理备案，需要向海关提交哪些材料？

答： 进出境运输工具、进出境运输工具负责人和进出境运输工具服务企业在海关办理备案的，应当按不同运输方式分别提交《进出境国际航行船舶备案表》《进出境航空器备案表》《进出境铁路列车备案表》《进出境公路车辆备案表》《运输工具负责人备案表》《运输工具服务企业备案表》，并同时提交上述备案表随附单证栏中列明的材料。

文件依据：《中华人民共和国海关进出境运输工具监管办法》(海关总署令第196号)。

65. 进出境运输工具需要添加、起卸物料的，应向海关提交哪些资料？

答： 进出境运输工具需要添加、起卸物料的，物料添加单位或者接受物料起卸单位应当向海关申报，并提交以下单证：

(一)《中华人民共和国海关运输工具起卸/添加物料申报单》；

(二)添加、起卸物料明细单以及合同、发票等相关单证。

境外运输工具在我国境内添加、起卸物料的，应当列入海关统计。

文件依据：《中华人民共和国海关进出境运输工具监管办法》(海关总署令第196号)。

66. 某企业进口一批国家限制进口的废物，因不符合国家规定，不能办理申报进口手续，且无法办理退运，能否向海关声明放弃？

答： 进口货物的收货人或者其所有人声明放弃的进口货物，由海关提取依法变卖处理。国家禁止或者限制进口的废物、对环境造成污染的货物不得声明放弃。除符合国家规定，并且办理申报进口手续，准予进口的外，由海关责令货物的收货人或者其所有人、载运该货物进境的运输工具负责人退运出境；无法退运的，由海关责令其在海关和有关主管部门监督下予以销毁或者进行其他妥善处理，销毁和处理的费用由收货人承担，收货人无法确认的，由相关运输工具负责人及承运人承担；违反国家有关法律法规的，由海关依法予以处罚，构成犯罪的，依法追究刑事责任。

文件依据：《中华人民共和国海关关于超期未报关进口货物、误卸或者溢卸的进境货物和放弃进口货物的处理办法》（海关总署令第91号）。

67. 某企业进口了一批暂时进口货物，因工作人员失误未在规定的期限3个月内向海关办理复运出境手续，海关会如何处理这批货物？

答： 保税货物、暂时进口货物超过规定的期限3个月，未向海关办理复运出境或者其他海关有关手续的；过境、转运和通运货物超过规定的期限3个月，未运输出境的，按照海关总

署令第91号第二条的规定处理。第二条规定为："进口货物
的收货人应当自运输工具申报进境之日起十四日内向海关申
报。进口货物的收货人超过上述规定期限向海关申报的，由
海关按照《中华人民共和国海关征收进口货物滞报金办法》
的规定，征收滞报金；超过三个月未向海关申报的，其进口
货物由海关提取依法变卖处理。"

文件依据：《中华人民共和国海关关于超期未报关进口货物、误
卸或者溢卸的进境货物和放弃进口货物的处理办法》
（海关总署令第91号）。

68. 由进境运输工具载运进境并且卸至海关监管区，未列入进口载货清单、运单向海关申报进境的误卸的进境货物，应如何处理？

答： 由进境运输工具载运进境并且因故卸至海关监管区或者其他
经海关批准的场所，未列入进口载货清单、运单向海关申报
进境的误卸或者溢卸的进境货物，经海关审定确实的，由载
运该货物的原运输工具负责人，自该运输工具卸货之日起3
个月内，向海关办理直接退运出境手续；或者由该货物的收
发货人，自该运输工具卸货之日起3个月内，向海关办理退
运或者申报进口手续。

前款所列货物，经载运该货物的原运输工具负责人，或者该
货物的收发货人申请，海关批准，可以延期3个月办理退运
出境或者申报进口手续。

超过规定期限未向海关办理退运出境或者申报进口手续的，由海关提取依法变卖处理。

文件依据：《中华人民共和国海关关于超期未报关进口货物、误卸或者溢卸的进境货物和放弃进口货物的处理办法》（海关总署令第91号）。

69. 什么是进出口货物查验?

答： 进出口货物查验，是指海关为确定进出口货物收发货人向海关申报的内容是否与进出口货物的真实情况相符，或者为确定商品的归类、价格、原产地等，依法对进出口货物进行实际核查的执法行为。

文件依据：《中华人民共和国海关进出口货物查验管理办法》（海关总署令第138号）。

70. 查验货物时，进出口货物收发货人是否需要到场?

答： 查验货物时，进出口货物收发货人或者其代理人应当到场，负责按照海关要求搬移货物，开拆和重封货物的包装，并如实回答查验人员的询问以及提供必要的资料。

文件依据：《中华人民共和国海关进出口货物查验管理办法》（海关总署令第138号）。

71. 遇有哪些情形，海关可以对已查验货物进行复验？

答：有下列情形之一的，海关可以对已查验货物进行复验：

（一）经初次查验未能查明货物的真实属性，需要对已查验货物的某些性状做进一步确认的；

（二）货物涉嫌走私违规，需要重新查验的；

（三）进出口货物收发货人对海关查验结论有异议，提出复验要求并经海关同意的；

（四）其他海关认为必要的情形。

复验按照海关总署令第138号第六条至第十条的规定办理，查验人员在查验记录上应当注明"复验"字样。已经参加过查验的查验人员不得参加对同一票货物的复验。

文件依据：《中华人民共和国海关进出口货物查验管理办法》（海关总署令第138号）。

72. 遇有哪些情形，海关可以在进出口货物收发货人或者其代理人不在场的情况下，对进出口货物进行径行开验？

答：有下列情形之一的，海关可以在进出口货物收发货人或者其代理人不在场的情况下，对进出口货物进行径行开验：

（一）进出口货物有违法嫌疑的；

（二）经海关通知查验，进出口货物收发货人或者其代理人届时未到场的。

海关径行开验时，存放货物的海关监管场所经营人、运输工具负责人应当到场协助，并在查验记录上签名确认。

文件依据：《中华人民共和国海关进出口货物查验管理办法》（海关总署令第138号）。

73. 海关在查验进出口货物时造成被查验货物损坏的，应如何处理？

答： 海关在查验进出口货物时造成被查验货物损坏的，由海关按照《中华人民共和国海关法》《中华人民共和国海关行政赔偿办法》的规定承担赔偿责任。

文件依据：《中华人民共和国海关进出口货物查验管理办法》（海关总署令第138号）。

74. 企业在货物通关时需要接受海关查验，海关会收取相关费用吗？

答： 海关在监管区内实施查验不收取费用。对集装箱、货柜车或者其他货物加施海关封志的，按照规定收取封志工本费。因查验而产生的进出口货物搬移、开拆或者重封包装等费用，由进出口货物收发货人承担。在海关监管区外查验货物，进出口货物收发货人或者其代理人应当按照规定向海关交纳规费。

文件依据：《中华人民共和国海关进出口货物查验管理办法》（海关总署令第138号）。

75. 某企业进口的货物受静电、粉尘等因素影响，需要在专业的实验室查验，海关是否可以到海关监管区外实施查验？

答： 查验应当在海关监管区内实施。因货物易受温度、静电、粉尘等自然因素影响，不宜在海关监管区内实施查验，或者因其他特殊原因，需要在海关监管区外查验的，经进出口货物收发货人或者其代理人书面申请，海关可以派员到海关监管区外实施查验。

文件依据：《中华人民共和国海关进出口货物查验管理办法》（海关总署令第138号）。

76. 海关实施查验的方式有哪些？

答： 海关实施查验可以彻底查验，也可以抽查。按照操作方式，查验可以分为人工查验和机检查验，人工查验包括外形查验、开箱查验等方式。海关可以根据货物情况以及实际执法需要，确定具体的查验方式。

文件依据：《中华人民共和国海关进出口货物查验管理办法》（海关总署令第138号）。

77. 某企业进口了一批新鲜的水果，因水果不宜保存，能否向海关申请优先安排查验？

答： 对于危险品或者鲜活、易腐、易烂、易失效、易变质等不宜长期保存的货物，以及因其他特殊情况需要紧急验放的货物，经进出口货物收发货人或者其代理人申请，海关可以优先安排查验。

文件依据：《中华人民共和国海关进出口货物查验管理办法》（海关总署令第138号）。

78. 收发货人有哪些情形，停止适用集中申报通关方式？

答： 收发货人有下列情形之一的，停止适用集中申报通关方式：

（一）担保情况发生变更，不能继续提供有效担保的；

（二）涉嫌走私或者违规，正在被海关立案调查的；

（三）进出口侵犯知识产权货物，被海关依法给予行政处罚的；

（四）海关分类管理类别被降为C类或者D类的。收发货人可以在备案有效期内主动申请终止适用集中申报通关方式。

文件依据：《中华人民共和国海关进出口货物集中申报管理办法》（海关总署令第169号）

79. 某企业打算出口一批鲜活的水产品，准备向海关申请集中申报通关方式，需要提交哪些材料？

答： 收发货人申请办理集中申报备案手续的，应当向海关提交《适用集中申报通关方式备案表》，同时提供符合海关要求的担保，担保有效期最短不得少于3个月。海关应当对收发货人提交的《适用集中申报通关方式备案表》进行审核。经审核符合海关总署令第169号有关规定的，核准其备案。

文件依据：《中华人民共和国海关进出口货物集中申报管理办法》
（海关总署令第169号）。

80. 哪些进出口货物可以适用集中申报通关方式？

答：经海关备案，下列进出口货物可以适用集中申报通关方式：

（一）图书、报纸、期刊类出版物等时效性较强的货物；

（二）危险品或者鲜活、易腐、易失效等不宜长期保存的货物；

（三）公路口岸进出境的保税货物。

文件依据：《中华人民共和国海关进出口货物集中申报管理办法》
（海关总署令第169号）。

81. 收发货人应当向哪个海关办理集中申报备案手续？

答：收发货人应当在货物所在地海关办理集中申报备案手续，加工贸易企业应当在主管地海关办理集中申报备案手续。

文件依据：《中华人民共和国海关进出口货物集中申报管理办法》
（海关总署令第169号）。

82. 申请经营海关监管作业场所的企业，应当具备哪些条件？

答：申请经营海关监管作业场所的企业应当同时具备以下条件：

（一）具有独立企业法人资格；

（二）取得与海关监管作业场所经营范围相一致的工商核准登记；

（三）具有符合《海关监管作业场所（场地）设置规范》的场所。

由法人分支机构经营的，分支机构应当取得企业法人授权。

文件依据：《中华人民共和国海关监管区管理暂行办法》（海关总署令第232号）。

83. 申请人向海关提出经营海关监管作业场所注册申请，需要提交哪些材料？

答：申请人应当向主管地的直属海关或者隶属海关提出注册申请，并且提交以下材料：

（一）经营海关监管作业场所企业注册申请书；

（二）海关监管作业场所功能布局和监管设施示意图。

由法人分支机构经营的，申请人应当提交企业法人授权文书。

文件依据：《中华人民共和国海关监管区管理暂行办法》（海关总署令第232号）。

84. 企业从境外进口了一批货物，经海关检验检疫不合格，该批货物尚未办结海关手续，能否办理直接退运手续？

答： 货物进境后、办结海关放行手续前，有下列情形之一的，当事人可以向货物所在地海关办理直接退运手续：

（一）因为国家贸易管理政策调整，收货人无法提供相关证件的；

（二）属于错发、误卸或者溢卸货物，能够提供发货人或者承运人书面证明文书的；

（三）收发货人双方协商一致同意退运，能够提供双方同意退运的书面证明文书的；

（四）有关贸易发生纠纷，能够提供已生效的法院判决书、仲裁机构仲裁决定书或者无争议的有效货物所有权凭证的；

（五）货物残损或者检验检疫不合格，能够提供相关检验证明文书的。

文件依据：《中华人民共和国海关进口货物直接退运管理办法》（海关总署令第217号）。

85. 进口货物直接退运的，报关单如何填制？

答： 进口货物直接退运的，除《中华人民共和国海关进出口货物报关单填制规范》外，还应当按照下列要求填制进出口货物报关单：

（一）"监管方式"栏均填写"直接退运"（代码4500）；

（二）"备注"栏填写《进口货物直接退运表》或者《责令直接退运通知书》编号。

文件依据：《中华人民共和国海关进口货物直接退运管理办法》（海关总署令第217号）。

86. 办理直接退运手续的进口货物，当事人应如何办理直接退运的申报手续？

答：办理直接退运手续的进口货物未向海关申报的，当事人应当向海关提交《进口货物直接退运表》以及证明进口实际情况的合同、发票、装箱清单、提运单或者载货清单等相关单证、证明文书，按照海关总署令第217号第十条的规定填制报关单，办理直接退运的申报手续。

文件依据：《中华人民共和国海关进口货物直接退运管理办法》（海关总署令第217号）。

87. 进口货物直接退运，因运输原因需从另一口岸退运出境的，应如何操作？

答：进口货物直接退运应当从原进境地口岸退运出境。由于运输原因需要改变运输方式或者由另一口岸退运出境的，应当经由原进境地海关批准后，以转关运输方式出境。

文件依据：《中华人民共和国海关进口货物直接退运管理办法》（海关总署令第217号）。

88. **开展"两步申报"业务，需要满足哪些条件？**

答：试点期间，适用"两步申报"需同时满足下列条件：

（一）境内收发货人信用等级是一般信用及以上的；

（二）经由试点海关实际进境货物的；

（三）涉及的监管证件已实现联网核查的。

转关业务暂不适用"两步申报"模式。

文件依据：《关于开展"两步申报"改革试点的公告》（海关总署
公告2019年第127号）。

89. **海关总署正在推广"两步申报"模式，现有的申报
模式是否可以继续使用？**

答：推广"两步申报"改革同时保留现有申报模式，企业可自行
选择一种模式进行申报。

文件依据：《关于全面推广"两步申报"改革的公告》（海关总署
公告2019年第216号）。

90. **企业开展进口货物"两步申报"，应通过哪个平台操
作该项业务？**

答：进口收货人或其代理人可通过国际贸易单一窗口（https://
www.singlewindow.cn）或"互联网+海关"一体化平台
（http://online.customs.gov.cn）开展进口货物"两步申报"，也
可通过"掌上海关"App开展非涉证、非涉检、非涉税情况

下的概要申报。

文件依据：《关于全面推广"两步申报"改革的公告》（海关总署
公告2019年第216号）。

91. 进口货物在哪些情况下可以凭海关通知准予提离进境地口岸海关监管区？

答：进口货物属于下列情形之一的，凭海关通知准予提离进境地口岸海关监管区：

（一）无海关检查要求的；

（二）仅有海关口岸检查要求且已完成口岸检查的，其中，进境地口岸海关监管区内不具备检查条件的，收货人可向海关申请在监管区外具备检查条件的特定场所或场地实施转场检查；

（三）仅有海关目的地检查要求的；

（四）既有海关口岸检查又有目的地检查要求，已完成口岸检查，或经进口货物收货人或其代理人申请在进境地口岸合并实施且已完成相关检查的。

文件依据：《关于分段实施准入监管 加快口岸验放的公告》（海关总署公告2019年第160号）。

92. 向海关办理运输工具备案手续时，是否还需要向海关提供相关的纸质材料？

答：进出境运输工具负责人、进出境运输工具服务企业办理相关企业及运输工具备案、备案变更、备案撤（注）销手续，以及来往港澳公路货运企业及公路车辆年审、验车手续的，可向海关提交电子数据办理相关手续，无须提交备案登记表、备案变更表、年审报告书、验车记录表、临时进境验车申报表等纸质单证资料及相关随附单证。

文件依据：《关于进一步推进运输工具进出境监管作业无纸化的公告》（海关总署公告2020年第91号）。

93. 进出境运输工具负责人、进出境运输工具服务企业办理进出境、境内续驶等手续时，还需要向海关提交纸质单证资料吗？

答：进出境运输工具负责人、进出境运输工具服务企业办理进出境、境内续驶手续，以及物料添加/起卸/调拨、沿海空箱调运、兼营运输工具改营、运输工具结关等手续的，可向海关提交电子数据办理相关手续，无须提交纸质单证资料及相关随附单证，无须交验纸质证簿。其中：

（一）进出境运输工具负责人办理境内续驶手续的，海关以电子方式反馈相关手续办理结果，不再制发纸质关封；

（二）进出境运输工具须实施登临检查的，海关以电子方式向运输工具负责人发送运输工具登临检查通知。

文件依据：《关于进一步推进运输工具进出境监管作业无纸化的公告》（海关总署公告2020年第91号）。

94. **进出境快件运营人是否可以代理非本企业承揽、承运的货物的报关?**

答：运营人不得以任何形式出租、出借、转让本企业的进出境快件报关权，不得代理非本企业承揽、承运的货物、物品的报关。

文件依据：《中华人民共和国海关对进出境快件监管办法》(海关总署令第104号)。

95. **进出境快件运营人申请办理进出境快件代理报关业务的，应如何向海关办理登记手续?**

答：运营人申请办理进出境快件代理报关业务的，应当按照海关对国际货物运输代理企业的注册管理规定在所在地海关办理登记手续。

文件依据：《中华人民共和国海关对进出境快件监管办法》(海关总署令第104号)。

96. **海关对进出境快件通关监管场所有什么要求?**

答：进出境快件通关应当在经海关批准的专门监管场所内进行，如因特殊情况需要在专门监管场所以外进行的，需事先征得所在地海关同意。

运营人应当在海关对进出境快件的专门监管场所内设有符合海关监管要求的专用场地、仓库和设备。对进出境快件专门监管场所的管理办法，由海关总署另行制定。

文件依据:《中华人民共和国海关对进出境快件监管办法》(海关
总署令第104号)。

97. 进出境快件的申报时限是如何规定的?

答: 进境快件自运输工具申报进境之日起14日内, 出境快件在运
输工具离境3小时之前, 应当向海关申报。

文件依据:《中华人民共和国海关对进出境快件监管办法》(海关
总署令第104号)。

98. 货物类进境快件报关时, 运营人应向海关提交哪些报关单证?

答: 货物类进境快件报关时, 运营人应当按下列情形分别向海关
提交报关单证: 对关税税额在《中华人民共和国进出口关税
条例》规定的关税起征数额以下的货物和海关规定准予免税
的货样、广告品, 应提交《中华人民共和国海关进出境快件
KJ2报关单》、每一进境快件的分运单、发票和海关需要的其
他单证。对应予征税的货样、广告品 (法律、法规规定实行
许可证件管理的、需进口付汇的除外), 应提交《中华人民
共和国海关进出境快件KJ3报关单》、每一进境快件的分运
单、发票和海关需要的其他单证。

文件依据:《中华人民共和国海关对进出境快件监管办法》(海关

总署令第104号）。

99. 货物类出境快件报关时，运营人应向海关提交哪些报关单证?

答： 货物类出境快件报关时，运营人应按下列情形分别向海关提交报关单证：对货样、广告品（法律、法规规定实行许可证件管理的、应征出口关税的、需出口收汇的、需出口退税的除外），应提交《中华人民共和国海关进出境快件 KJ2 报关单》、每一出境快件的分运单、发票和海关需要的其他单证。对上述以外的其他货物，按照海关对出口货物通关的规定办理。

文件依据：《中华人民共和国海关对进出境快件监管办法》（海关总署令第104号）。

100. 海关如何查验进出境快件?

答： 海关查验进出境快件时，运营人应派员到场，并负责进出境快件的搬移、开拆和重封包装。海关对进出境快件中的个人物品实施开拆查验时，运营人应通知进境快件的收件人或出境快件的发件人到场，收件人或发件人不能到场的，运营人应向海关提交其委托书，代理收/发件人的义务，并承担相应法律责任。海关认为必要时，可对进出境快件予以径行开验、复验或者提取货样。

文件依据：《中华人民共和国海关对进出境快件监管办法》（海关
总署令第104号）。

101. 个人物品类进出境快件报关时，运营人应当向海关提交哪些材料？

答：个人物品类进出境快件报关时，运营人应当向海关提交《中
华人民共和国海关进出境快件个人物品申报单》、每一进出
境快件的分运单、进境快件收件人或出境快件发件人身份证
件影印件和海关需要的其他单证。

文件依据：《中华人民共和国海关对进出境快件监管办法》（海关
总署令第104号）。

102. 境外公司给某企业免费提供一批货样，是否需要向海关报关并缴纳税款？

答：进出口货样和广告品，不论是否免费提供，均应由在海关注
册登记的进出口收发货人或其代理人向海关申报，由海关按
规定审核验放。进出口无商业价值的货样和广告品准予免征
关税和进口环节海关代征税，其他进出口货样和广告品一律
照章征税。

文件依据：《关于进出口货样和广告品监管有关事项的公告》（海
关总署公告2010年第33号）。

103. 暂时进出境货物包括哪些?

答：暂时进出境货物包括：

（一）在展览会、交易会、会议以及类似活动中展示或者使用的货物；

（二）文化、体育交流活动中使用的表演、比赛用品；

（三）进行新闻报道或者摄制电影、电视节目使用的仪器、设备以及用品；

（四）开展科研、教学、医疗活动使用的仪器、设备和用品；

（五）在第（一）项至第（四）项所列活动中使用的交通工具以及特种车辆；

（六）货样；

（七）慈善活动使用的仪器、设备以及用品；

（八）供安装、调试、检测、修理设备时使用的仪器以及工具；

（九）盛装货物的包装材料；

（十）旅游用自驾交通工具及其用品；

（十一）工程施工中使用的设备、仪器以及用品；

（十二）测试用产品、设备、车辆；

（十三）海关总署规定的其他暂时进出境货物。

使用货物暂准进口单证册（简称"ATA单证册"）暂时进境的货物限于我国加入的有关货物暂准进口的国际公约中规定的货物。

文件依据：《中华人民共和国海关暂时进出境货物管理办法》（海
关总署令第233号）。

104. 企业如何向海关提交《暂时进出境货物确认申请书》?

答：ATA单证册持证人、非ATA单证册项下暂时进出境货物收发
货人可以在申报前向主管地海关提交《暂时进出境货物确认
申请书》，申请对有关货物是否属于暂时进出境货物进行审
核确认，并且办理相关手续，也可以在申报环节直接向主管
地海关办理暂时进出境货物的有关手续。

文件依据：《中华人民共和国海关暂时进出境货物管理办法》（海
关总署令第233号）。

105. 暂时进出境货物报关时是否需要向海关提交许可证件?

答：除我国缔结或者参加的国际条约、协定以及国家法律、行政
法规和海关总署规章另有规定外，暂时进出境货物免予交验
许可证件。

文件依据：《中华人民共和国海关暂时进出境货物管理办法》（海
关总署令第233号）。

106. 暂时进出境货物应当在进出境之日起多长时间内复运出境或者复运进境？

答： 暂时进出境货物应当在进出境之日起6个月内复运出境或者复运进境。

文件依据：《中华人民共和国海关暂时进出境货物管理办法》（海关总署令第233号）。

107. 暂时进出境货物因特殊情况无法在规定期限内复运出境或者复运进境，能否申请延长期限？

答： 暂时进出境货物因特殊情况需要延长期限的，持证人、收发货人应当向主管地海关办理延期手续，延期最多不超过3次，每次延长期限不超过6个月。延长期届满应当复运出境、复运进境或者办理进出口手续。

国家重点工程、国家科研项目使用的暂时进出境货物以及参加展期在24个月以上展览会的展览品，在前款所规定的延长期届满后仍需要延期的，由主管地直属海关批准。

文件依据：《中华人民共和国海关暂时进出境货物管理办法》（海关总署令第233号）。

108. 暂时进出境货物因不可抗力的原因受损，无法原状复运出境、复运进境的，应如何处理？

答： 暂时进出境货物因不可抗力的原因受损，无法原状复运出境、复运进境的，持证人、收发货人应当及时向主管地海关

报告，可以凭有关部门出具的证明材料办理复运出境、复运
进境手续；因不可抗力的原因灭失的，经主管地海关核实后
可以视为该货物已经复运出境、复运进境。暂时进出境货物
因不可抗力以外其他原因受损或者灭失的，持证人、收发货
人应当按照货物进出口的有关规定办理海关手续。

文件依据：《中华人民共和国海关暂时进出境货物管理办法》(海
关总署令第233号)。

109. 暂时进出境货物可以异地复运进出境吗？

答： 暂时进出境货物可以异地复运出境、复运进境，由复运出
境、复运进境地海关调取原暂时进出境货物报关单电子数据
办理有关手续。ATA单证册持证人应当持ATA单证册向复运
出境、复运进境地海关办理有关手续。

文件依据：《中华人民共和国海关暂时进出境货物管理办法》(海
关总署令第233号)。

110. 在境内展览会期间供消耗、散发的用品，需要
征收进口关税和进口环节税吗？

答： 下列在境内展览会期间供消耗、散发的用品，由海关根据展
览会的性质、参展商的规模、观众人数等情况，对其数量和
总值进行核定，在合理范围内的，按照有关规定免征进口关

税和进口环节税：

（一）在展览活动中的小件样品，包括原装进口的或者在展览期间用进口的散装原料制成的食品或者饮料的样品；

（二）为展出的机器或者器件进行操作示范被消耗或者损坏的物料；

（三）布置、装饰临时展台消耗的低值货物；

（四）展览期间免费向观众散发的有关宣传品；

（五）供展览会使用的档案、表格以及其他文件。

前款第（一）项所列货物，应当符合以下条件：

（一）由参展人免费提供并且在展览期间专供免费分送给观众使用或者消费的；

（二）单价较低，作广告样品用的；

（三）不适用于商业用途，并且单位容量明显小于最小零售包装容量的；

（四）食品以及饮料的样品虽未按照本款第（三）项规定的包装分发，但是确实在活动中消耗掉的。

文件依据：《中华人民共和国海关暂时进出境货物管理办法》（海关总署令第233号）。

111. 展览会结束需要向海关办理结案吗?

答： 展览会结束后，办展人、参展人应当向主管地海关申请办理结案手续。

文件依据:《中华人民共和国海关暂时进出境货物管理办法》(海关总署令第233号)。

112. 进出境船舶改营境内运输时,留存船上的船用物料、燃料、烟、酒超出自用合理数量范围的,应如何办理海关手续?

答: 进出境船舶改营境内运输时,留存船上的船用物料、燃料、烟、酒超出自用合理数量范围的,应当按照进口货物的有关规定办理海关手续,或调拨至其他进出境船舶。改营境内运输后使用的船用物料、燃料、烟、酒,不再享受国际航行船舶的免税优惠。

文件依据:《关于明确进出境船舶改营境内运输监管有关事项的公告》(海关总署公告2022年第70号)。

113. 进出境船舶需改营境内运输的,应如何办理相关手续?

答: 进出境船舶需改营境内运输的,运输工具负责人应当在向海关提交《中华人民共和国海关船舶进境申报单》《中华人民共和国海关船舶进港申报单》电子数据时,在"海关业务类型"数据项填报代码"5"(改营境内运输)。在进口货物、物品卸载完毕或者进境旅客全部下船以后,运输工具负责人向海关提交运输工具结关电子申请;海关进行审核,确认相关监管要求已完成后,反馈运输工具结关电子通知,准予运输工具解除海关

监管，同时将船舶备案信息由"进出境运输"更新为"改营
境内运输"。

文件依据：《关于明确进出境船舶改营境内运输监管有关事项的
公告》（海关总署公告2022年第70号）。

114. 已改营境内运输的船舶，若需再改营进出境运输的，应如何办理相关手续？

答：已改营境内运输的船舶，如需再改营进出境运输的，运输工
具负责人应当在向海关提交《水运进出境运输工具离港航行
计划》电子数据时，在"是否由境内运输改营进出境运输"
数据项填报代码"1"（改营进出境运输）。海关进行审核后，
将船舶备案信息由"改营境内运输"更新为"进出境运输"。

文件依据：《关于明确进出境船舶改营境内运输监管有关事项的
公告》（海关总署公告2022年第70号）。

115. 过境货物为动植物产品的，应当向海关提交哪些证件？

答：运输工具负责人应当提交过境货物运输申报单，向进境地海
关如实申报。过境货物为动植物、动植物产品和其他检疫物
的，应当提交输出国家或者地区政府动植物检疫机关出具的
检疫证书；过境货物为动物的，还应当同时提交海关签发的
动物过境许可证；过境货物为两用物项等国家限制过境货物
的，应当提交有关许可证件。

文件依据:《中华人民共和国海关过境货物监管办法》(海关总署令第260号)。

116. 过境货物能否开拆、提取或者转让?

答: 过境货物自进境起到出境止,应当接受海关监管。

过境货物,未经海关批准,任何单位和个人不得开拆、提取、交付、发运、调换、改装、抵押、质押、留置、转让、更换标记、移作他用或者进行其他处置。动植物、动植物产品和其他检疫物过境期间未经海关批准不得卸离运输工具。

文件依据:《中华人民共和国海关过境货物监管办法》(海关总署令第260号)。

117. 生物安全高风险的过境货物能否从我国过境?

答: 过境动物以及其他经评估为生物安全高风险的过境货物,应当从指定的口岸进境。

文件依据:《中华人民共和国海关过境货物监管办法》(海关总署令第260号)。

118. 过境货物应当自运输工具申报进境之日起多长时间内运输出境？

答：过境货物应当自运输工具申报进境之日起6个月内运输出境；
特殊情况下，经进境地海关同意可以延期，但是延长期限不
得超过3个月。过境货物超过前款规定期限3个月未运输出
境的，由海关提取依法变卖处理。法律法规另有规定的，从
其规定。

文件依据：《中华人民共和国海关过境货物监管办法》（海关总署
令第260号）。

119. 什么是进出境运输工具舱单？

答：进出境运输工具舱单是指反映进出境运输工具所载货物、物
品及旅客信息的载体，包括原始舱单、预配舱单、装（乘）
载舱单。进出境运输工具载有货物、物品的，舱单内容应当
包括总提（运）单及其项下的分提（运）单信息。

文件依据：《中华人民共和国海关进出境运输工具舱单管理办法》
（海关总署令第172号）。

120. 如因计算机故障等特殊情况无法向海关传输舱单，可以采用纸质形式向海关递交有关单证吗？

答：因计算机故障等特殊情况无法向海关传输舱单及相关电子数
据的，经海关同意，可以采用纸质形式在规定时限向海关递

交有关单证。

文件依据：《中华人民共和国海关进出境运输工具舱单管理办法》
（海关总署令第172号）。

121. 舱单传输人应当向哪个海关提交《备案登记表》?

答： 舱单传输人、海关监管作业场所经营人、理货部门、出口货物发货人应当向其经营业务所在地直属海关或者经授权的隶属海关备案，并提交《备案登记表》。在海关备案的有关内容如果发生改变的，舱单传输人、海关监管作业场所经营人、理货部门、出口货物发货人应当凭书面申请和有关文件向海关办理备案变更手续。

文件依据：《中华人民共和国海关进出境运输工具舱单管理办法》
（海关总署令第172号）。

122. 进境运输工具载有货物的，舱单传输人向海关传输原始舱单数据有时限规定吗?

答： 进境运输工具载有货物、物品的，舱单传输人应当在下列时限向海关传输原始舱单主要数据：

（一）集装箱船舶装船的24小时以前，非集装箱船舶抵达境内第一目的港的24小时以前；

（二）航程4小时以下的，航空器起飞前；航程超过4小时的，航空器抵达境内第一目的港的4小时以前；

（三）铁路列车抵达境内第一目的站的2小时以前；

（四）公路车辆抵达境内第一目的站的1小时以前。

舱单传输人应当在进境货物、物品运抵目的港以前向海关传输原始舱单其他数据。海关接受原始舱单主要数据传输后，收货人、受委托报关企业方可向海关办理货物、物品的申报手续。

文件依据：《中华人民共和国海关进出境运输工具舱单管理办法》（海关总署令第172号）。

123. 进境运输工具载有旅客的，舱单传输人向海关传输原始舱单电子数据有时限规定吗？

答： 进境运输工具载有旅客的，舱单传输人应当在下列时限向海关传输原始舱单电子数据：

（一）船舶抵达境内第一目的港的2小时以前；

（二）航程在1小时以下的，航空器抵达境内第一目的港的30分钟以前；航程在1小时至2小时的，航空器抵达境内第一目的港的1小时以前；航程在2小时以上的，航空器抵达境内第一目的港的2小时以前；

（三）铁路列车抵达境内第一目的站的2小时以前；

（四）公路车辆抵达境内第一目的站的1小时以前。

文件依据：《中华人民共和国海关进出境运输工具舱单管理办法》（海关总署令第172号）。

124. 进境运输工具载有旅客的，运输工具负责人如何向海关办理结关手续？

答： 进境运输工具载有旅客的，运输工具负责人或者旅客通关
类场所经营人应当在进境运输工具下客完毕后3小时以内向
海关提交进境旅客及其行李物品结关申请，并提供实际下客
人数、托运行李物品提取数量以及未运抵行李物品数量。经
海关核对无误的，可以办理结关手续；原始舱单与结关申请
不相符的，运输工具负责人或者旅客通关类场所经营人应
当在进境运输工具下客完毕后24小时内向海关报告不相符
的原因。

运输工具负责人或者旅客通关类场所经营人应当将无人认领
的托运行李物品转交海关处理。

文件依据：《中华人民共和国海关进出境运输工具舱单管理办法》
（海关总署令第172号）。

125. 已经传输的舱单电子数据需要变更的，应如何处理？

答： 已经传输的舱单电子数据需要变更的，舱单传输人可以在原
始舱单和预配舱单规定的传输时限以前直接予以变更，但是
货物、物品所有人已经向海关办理货物、物品申报手续的除
外。舱单电子数据传输时间以海关接受舱单电子数据变更的
时间为准。

文件依据：《中华人民共和国海关进出境运输工具舱单管理办法》
（海关总署令第172号）。

126. **新快件系统适用于哪些快件报关?**

答：新快件系统适用于文件类进出境快件（简称"A类快件"）、
个人物品类进出境快件（简称"B类快件"）和低值货物类
进出境快件（简称"C类快件"）报关。

文件依据：《关于启用新快件通关系统相关事宜的公告》（海关总
署公告2016年第19号）。

127. **A类快件、B类快件、C类快件分别指的是什么
快件?**

答：A类快件是指无商业价值的文件、单证、票据和资料（依照
法律、行政法规以及国家有关规定应当予以征税的除外）。B
类快件是指境内收寄件人（自然人）收取或者交寄的个人自
用物品（旅客分离运输行李物品除外）。C类快件是指价值在
人民币5000元（不包括运、保、杂费等）及以下的货物（涉
及许可证件管制的，需要办理出口退税、出口收汇或者进口
付汇的除外）。

文件依据：《关于启用新快件通关系统相关事宜的公告》（海关总
署公告2016年第19号）。

128. B类快件报关时，快件运营人应当向海关提交哪些材料？

答： B类快件报关时，快件运营人应当向海关提交B类快件报关单（格式详见海关总署公告2016年第19号附件）、每一进出境快件的分运单、进境快件收件人或出境快件发件人身份证影印件和海关需要的其他单证。B类快件的限量、限值、税收征管等事项应当符合海关总署关于邮递进出境个人物品相关规定。

文件依据：《关于启用新快件通关系统相关事宜的公告》（海关总署公告2016年第19号）。

129. C类快件报关时，快件运营人应当向海关提交哪些材料？

答： C类快件报关时，快件运营人应当向海关提交C类快件报关单（格式详见海关总署公告2016年第19号附件）、代理报关委托书或者委托报关协议、每一进出境快件的分运单、发票和海关需要的其他单证，并按照进出境货物规定缴纳税款。进出境C类快件的监管方式为"一般贸易"或者"货样广告品A"，征免性质为"一般征税"，征减免税方式为"照章征税"。

快件运营人按照上述规定提交复印件（影印件）的，海关可要求快件运营人提供原件验核。

文件依据：《关于启用新快件通关系统相关事宜的公告》（海关总署公告2016年第19号）。

130.　进口固体废物能否向海关申请开展转关运输?

答: 进口固体废物满足以下条件的,经海关批准后,其收发货人方可申请办理转关手续,开展转关运输:

(一)按照水水联运模式进境的废纸、废金属;

(二)货物进境地为指定进口固体废物口岸;

(三)转关运输指运地已安装大型集装箱检查设备;

(四)进口废金属的联运指运地为经国家环保部门批准设立、通过国家环保等部门验收合格、已实现海关驻点监管的进口固体废物"圈区管理"园区;

(五)联运至进口固体废物"圈区管理"园区的进口废金属仅限园区内企业加工利用。

文件依据: 《关于规范转关运输业务的公告》(海关总署公告2017年第48号)。

131.　某企业有一批货物易受静电、粉尘等自然因素影响,不宜在口岸海关监管区内实施查验,能否向海关申请办理转关手续?

答: 易受温度、静电、粉尘等自然因素影响或者因其他特殊原因,不宜在口岸海关监管区实施查验的进出口货物,满足以下条件的,经主管地海关(进口为指运地海关,出口为启运地海关)批准后,其收发货人方可按照提前报关方式办理转关手续。

（一）收发货人为高级认证企业。

（二）转关运输企业最近一年内没有因走私违法行为被海关处罚。

（三）转关启运地或指运地与货物实际进出境地，不在同一直属关区内。

（四）货物实际进境地已安装非侵入式查验设备。

进口转关货物应当直接运输至收货人所在地，出口转关货物应当直接在发货人所在地启运。

文件依据：《关于规范转关运输业务的公告》（海关总署公告2017年第48号）。

132. 暂时进出口货物能否向海关申请办理转关手续?

答：邮件，快件，暂时进出口货物（含ATA单证册项下货物），过境货物，中欧班列载运货物，市场采购方式出口货物，跨境电子商务零售进出口商品，免税品以及外交、常驻机构和人员公自用物品，其收发货人可按照现行相关规定向海关申请办理转关手续，开展转关运输。

文件依据：《关于规范转关运输业务的公告》（海关总署公告2017年第48号）。

附　录[1]

关于跨境电子商务零售进出口商品有关监管事宜的公告

（海关总署公告 2018 年第 194 号）

为做好跨境电子商务零售进出口商品监管工作，促进跨境电子商务健康有序发展，根据《中华人民共和国海关法》、《中华人民共和国进出境动植物检疫法》、《中华人民共和国进出口商品检验法》、《中华人民共和国电子商务法》等法律法规和《商务部 发展改革委 财政部 海关总署 税务总局 市场监管总局关于完善跨境电子商务零售进口监管有关工作的通知》（商财发〔2018〕486 号）等国家有关跨境电子商务零售进出口相关政策规定，现就海关监管事宜公告如下：

一、适用范围

（一）跨境电子商务企业、消费者（订购人）通过跨境电子商务交易平台实现零售进出口商品交易，并根据海关要求传输相关交易电子数据的，按照本公告接受海关监管。

二、企业管理

（二）跨境电子商务平台企业、物流企业、支付企业等参与跨境电子商务零售进口业务的企业，应当依据海关报关单位注册登记管理相关规定，向所在地海关办理注册登记；境外跨境电子商务企业应委托境内代理人（以下称跨境电子商务企业境内代理人）向该代理人所在地海关办理注册登记。

跨境电子商务企业、物流企业等参与跨境电子商务零售出口业

1　本附录仅收录使用频率较高的规章和规范性文件，按前文出现顺序排列。

务的企业，应当向所在地海关办理信息登记；如需办理报关业务，向所在地海关办理注册登记。

物流企业应获得国家邮政管理部门颁发的《快递业务经营许可证》。直购进口模式下，物流企业应为邮政企业或者已向海关办理代理报关登记手续的进出境快件运营人。

支付企业为银行机构的，应具备银保监会或者原银监会颁发的《金融许可证》；支付企业为非银行支付机构的，应具备中国人民银行颁发的《支付业务许可证》，支付业务范围应当包括"互联网支付"。

（三）参与跨境电子商务零售进出口业务并在海关注册登记的企业，纳入海关信用管理，海关根据信用等级实施差异化的通关管理措施。

三、通关管理

（四）对跨境电子商务直购进口商品及适用"网购保税进口"（监管方式代码1210）进口政策的商品，按照个人自用进境物品监管，不执行有关商品首次进口许可批件、注册或备案要求。但对相关部门明令暂停进口的疫区商品和对出现重大质量安全风险的商品启动风险应急处置时除外。

适用"网购保税进口A"（监管方式代码1239）进口政策的商品，按《跨境电子商务零售进口商品清单（2018版）》尾注中的监管要求执行。

（五）海关对跨境电子商务零售进出口商品及其装载容器、包装物按照相关法律法规实施检疫，并根据相关规定实施必要的监管措施。

（六）跨境电子商务零售进口商品申报前，跨境电子商务平台企业或跨境电子商务企业境内代理人、支付企业、物流企业应当分别通过国际贸易"单一窗口"或跨境电子商务通关服务平台向海关传输交易、支付、物流等电子信息，并对数据真实性承担相应责任。

直购进口模式下，邮政企业、进出境快件运营人可以接受跨境电子商务平台企业或跨境电子商务企业境内代理人、支付企业的委托，在承诺承担相应法律责任的前提下，向海关传输交易、支付等电子信息。

（七）跨境电子商务零售出口商品申报前，跨境电子商务企业或其代理人、物流企业应当分别通过国际贸易"单一窗口"或跨境电子商务通关服务平台向海关传输交易、收款、物流等电子信息，并对数据真实性承担相应法律责任。

（八）跨境电子商务零售商品进口时，跨境电子商务企业境内代理人或其委托的报关企业应提交《中华人民共和国海关跨境电子商务零售进出口商品申报清单》（以下简称《申报清单》），采取"清单核放"方式办理报关手续。

跨境电子商务零售商品出口时，跨境电子商务企业或其代理人应提交《申报清单》，采取"清单核放、汇总申报"方式办理报关手续；跨境电子商务综合试验区内符合条件的跨境电子商务零售商品出口，可采取"清单核放、汇总统计"方式办理报关手续。

《申报清单》与《中华人民共和国海关进（出）口货物报关单》具有同等法律效力。

按照上述第（六）至（八）条要求传输、提交的电子信息应施加电子签名。

（九）开展跨境电子商务零售进口业务的跨境电子商务平台企业、跨境电子商务企业境内代理人应对交易真实性和消费者（订购人）身份信息真实性进行审核，并承担相应责任；身份信息未经国家主管部门或其授权的机构认证的，订购人与支付人应当为同一人。

（十）跨境电子商务零售商品出口后，跨境电子商务企业或其代理人应当于每月15日前（当月15日是法定节假日或者法定休息日的，顺延至其后的第一个工作日），将上月结关的《申报清单》依据清单表头同一收发货人、同一运输方式、同一生产销售单位、同一运抵国、同一出境关别，以及清单表体同一最终目的国、同一10位海关商品编码、同一币制的规则进行归并，汇总形成《中华人民共和国海关出口货物报关单》向海关申报。

允许以"清单核放、汇总统计"方式办理报关手续的，不再汇总形成《中华人民共和国海关出口货物报关单》。

（十一）《申报清单》的修改或者撤销，参照海关《中华人民共和国海关进（出）口货物报关单》修改或者撤销有关规定办理。

除特殊情况外，《申报清单》《中华人民共和国海关进（出）口货物报关单》应当采取通关无纸化作业方式进行申报。

四、税收征管

（十二）对跨境电子商务零售进口商品，海关按照国家关于跨境电子商务零售进口税收政策征收关税和进口环节增值税、消费税，完税价格为实际交易价格，包括商品零售价格、运费和保险费。

（十三）跨境电子商务零售进口商品消费者（订购人）为纳税义务人。在海关注册登记的跨境电子商务平台企业、物流企业或申报企业作为税款的代收代缴义务人，代为履行纳税义务，并承担相应的补税义务及相关法律责任。

（十四）代收代缴义务人应当如实、准确向海关申报跨境电子商务零售进口商品的商品名称、规格型号、税则号列、实际交易价格及相关费用等税收征管要素。

跨境电子商务零售进口商品的申报币制为人民币。

（十五）为审核确定跨境电子商务零售进口商品的归类、完税价格等，海关可以要求代收代缴义务人按照有关规定进行补充申报。

（十六）海关对符合监管规定的跨境电子商务零售进口商品按时段汇总计征税款，代收代缴义务人应当依法向海关提交足额有效的税款担保。

海关放行后30日内未发生退货或修撤单的，代收代缴义务人在放行后第31日至第45日内向海关办理纳税手续。

五、场所管理

（十七）跨境电子商务零售进出口商品监管作业场所必须符合海关相关规定。跨境电子商务监管作业场所经营人、仓储企业应当建立符合海关监管要求的计算机管理系统，并按照海关要求交换电子数据。其中开展跨境电子商务直购进口或一般出口业务的监管作业场所应按照快递类或者邮递类海关监管作业场所规范设置。

（十八）跨境电子商务网购保税进口业务应当在海关特殊监管区域或保税物流中心（B型）内开展。除另有规定外，参照本公告规定监管。

六、检疫、查验和物流管理

（十九）对需在进境口岸实施的检疫及检疫处理工作，应在完成后方可运至跨境电子商务监管作业场所。

（二十）网购保税进口业务：一线入区时以报关单方式进行申报，海关可以采取视频监控、联网核查、实地巡查、库存核对等方式加强对网购保税进口商品的实货监管。

（二十一）海关实施查验时，跨境电子商务企业或其代理人、跨境电子商务监管作业场所经营人、仓储企业应当按照有关规定提供便利，配合海关查验。

（二十二）跨境电子商务零售进出口商品可采用"跨境电商"模式进行转关。其中，跨境电子商务综合试验区所在地海关可将转关商品品名以总运单形式录入"跨境电子商务商品一批"，并需随附转关商品详细电子清单。

（二十三）网购保税进口商品可在海关特殊监管区域或保税物流中心（B型）间流转，按有关规定办理流转手续。以"网购保税进口"（监管方式代码1210）海关监管方式进境的商品，不得转入适用"网购保税进口A"（监管方式代码1239）的城市继续开展跨境电子商务零售进口业务。网购保税进口商品可在同一区域（中心）内的企业间进行流转。

七、退货管理

（二十四）在跨境电子商务零售进口模式下，允许跨境电子商务企业境内代理人或其委托的报关企业申请退货，退回的商品应当符合二次销售要求并在海关放行之日起30日内以原状运抵原监管作业场所，相应税款不予征收，并调整个人年度交易累计金额。

在跨境电子商务零售出口模式下，退回的商品按照有关规定办理有关手续。

（二十五）对超过保质期或有效期、商品或包装损毁、不符合我国有关监管政策等不适合境内销售的跨境电子商务零售进口商品，以及海关责令退运的跨境电子商务零售进口商品，按照有关规定退运出境或销毁。

八、其他事项

（二十六）从事跨境电子商务零售进出口业务的企业应向海关实时传输真实的业务相关电子数据和电子信息，并开放物流实时跟踪等信息共享接口，加强对海关风险防控方面的信息和数据支持，配合海关进行有效管理。

跨境电子商务企业及其代理人、跨境电子商务平台企业应建立商品质量安全等风险防控机制，加强对商品质量安全以及虚假交易、二次销售等非正常交易行为的监控，并采取相应处置措施。

跨境电子商务企业不得进出口涉及危害口岸公共卫生安全、生物安全、进出口食品和商品安全、侵犯知识产权的商品以及其他禁限商品，同时应当建立健全商品溯源机制并承担质量安全主体责任。鼓励跨境电子商务平台企业建立并完善进出口商品安全自律监管体系。

消费者（订购人）对于已购买的跨境电子商务零售进口商品不得再次销售。

（二十七）海关对跨境电子商务零售进口商品实施质量安全风险监测，责令相关企业对不合格或存在质量安全问题的商品采取风险消减措施，对尚未销售的按货物实施监管，并依法追究相关经营主体责任；对监测发现的质量安全高风险商品发布风险警示并采取相应管控措施。海关对跨境电子商务零售进口商品在商品销售前按照法律法规实施必要的检疫，并视情发布风险警示。

（二十八）跨境电子商务平台企业、跨境电子商务企业或其代理人、物流企业、跨境电子商务监管作业场所经营人、仓储企业发现涉嫌违规或走私行为的，应当及时主动告知海关。

（二十九）涉嫌走私或违反海关监管规定的参与跨境电子商务业务的企业，应配合海关调查，开放交易生产数据或原始记录数据。

海关对违反本公告，参与制造或传输虚假交易、支付、物流"三单"信息、为二次销售提供便利、未尽责审核消费者（订购人）身份信息真实性等，导致出现个人身份信息或年度购买额度被盗用、进行二次销售及其他违反海关监管规定情况的企业依法进行处罚。对涉嫌走私或违规的，由海关依法处理；构成犯罪的，依法追究刑事责任。对利用其他公民身份信息非法从事跨境电子商务零售进口业务的，海关按走私违规处理，并按违法利用公民信息的有关法律规定移交相关部门处理。对不涉嫌走私违规、首次发现的，进行约谈或暂停业务责令整改；再次发现的，一定时期内不允许其从事跨境电子商务零售进口业务，并交由其他行业主管部门按规定实施查处。

（三十）在海关注册登记的跨境电子商务企业及其境内代理人、跨境电子商务平台企业、支付企业、物流企业等应当接受海关稽核查。

（三十一）本公告有关用语的含义：

"跨境电子商务企业"是指自境外向境内消费者销售跨境电子商务零售进口商品的境外注册企业（不包括在海关特殊监管区域或保税物流中心内注册的企业），或者境内向境外消费者销售跨境电子商务零售出口商品的企业，为商品的货权所有人。

"跨境电子商务企业境内代理人"是指开展跨境电子商务零售进口业务的境外注册企业所委托的境内代理企业，由其在海关办理注册登记，承担如实申报责任，依法接受相关部门监管，并承担民事责任。

"跨境电子商务平台企业"是指在境内办理工商登记，为交易双方（消费者和跨境电子商务企业）提供网页空间、虚拟经营场所、交易规则、信息发布等服务，设立供交易双方独立开展交易活动的信息网络系统的经营者。

"支付企业"是指在境内办理工商登记，接受跨境电子商务平台企业或跨境电子商务企业境内代理人委托为其提供跨境电子商务零售进口支付服务的银行、非银行支付机构以及银联等。

"物流企业"是指在境内办理工商登记，接受跨境电子商务平台企业、跨境电子商务企业或其代理人委托为其提供跨境电子商务零售进出口物流服务的企业。

"消费者（订购人）"是指跨境电子商务零售进口商品的境内购买人。

"国际贸易'单一窗口'"是指由国务院口岸工作部际联席会议统筹推进，依托电子口岸公共平台建设的一站式贸易服务平台。申报人（包括参与跨境电子商务的企业）通过"单一窗口"向海关等口岸管理相关部门一次性申报，口岸管理相关部门通过电子口岸平台共享信息数据、实施职能管理，将执法结果通过"单一窗口"反馈申报人。

"跨境电子商务通关服务平台"是指由电子口岸搭建，实现企业、海关以及相关管理部门之间数据交换与信息共享的平台。

适用"网购保税进口"（监管方式代码1210）进口政策的城市：天津、上海、重庆、大连、杭州、宁波、青岛、广州、深圳、成都、苏州、合肥、福州、郑州、平潭、北京、呼和浩特、沈阳、长春、哈尔滨、南京、南昌、武汉、长沙、南宁、海口、贵阳、昆明、西安、兰州、厦门、唐山、无锡、威海、珠海、东莞、义乌等37个城市（地区）。

（三十二）本公告自2019年1月1日起施行，施行时间以海关接受《申报清单》申报时间为准，未尽事宜按海关有关规定办理。海关总署公告2016年第26号同时废止。

境内跨境电子商务企业已签订销售合同的，其跨境电子商务零售进口业务的开展可延长至2019年3月31日。

特此公告。

海关总署

2018年12月10日

财政部　海关总署　税务总局关于完善跨境电子商务零售进口税收政策的通知

财关税〔2018〕49 号

各省、自治区、直辖市、计划单列市财政厅（局），新疆生产建设兵团财政局，海关总署广东分署、各直属海关，国家税务总局各省、自治区、直辖市、计划单列市税务局，国家税务总局驻各地特派员办事处：

为促进跨境电子商务零售进口行业的健康发展，营造公平竞争的市场环境，现将完善跨境电子商务零售进口税收政策有关事项通知如下：

一、将跨境电子商务零售进口商品的单次交易限值由人民币 2000 元提高至 5000 元，年度交易限值由人民币 20000 元提高至 26000 元。

二、完税价格超过 5000 元单次交易限值但低于 26000 元年度交易限值，且订单下仅一件商品时，可以自跨境电商零售渠道进口，按照货物税率全额征收关税和进口环节增值税、消费税，交易额计入年度交易总额，但年度交易总额超过年度交易限值的，应按一般贸易管理。

三、已经购买的电商进口商品属于消费者个人使用的最终商品，不得进入国内市场再次销售；原则上不允许网购保税进口商品在海关特殊监管区域外开展"网购保税＋线下自提"模式。

四、其他事项请继续按照《财政部 海关总署 税务总局关于跨境电子商务零售进口税收政策的通知》（财关税〔2016〕18 号）有关规定执行。

五、为适应跨境电商发展，财政部会同有关部门对《跨境电子商务零售进口商品清单》进行了调整，将另行公布。

本通知自2019年1月1日起执行。

特此通知。

财政部　海关总署　税务总局

2018年11月29日

财政部 海关总署 国家税务总局关于跨境电子商务零售 进口税收政策的通知

财关税〔2016〕18 号

各省、自治区、直辖市、计划单列市财政厅（局）、国家税务局，新疆生产建设兵团财务局，海关总署广东分署、各直属海关：

为营造公平竞争的市场环境，促进跨境电子商务零售进口健康发展，经国务院批准，现将跨境电子商务零售（企业对消费者，即B2C）进口税收政策有关事项通知如下：

一、跨境电子商务零售进口商品按照货物征收关税和进口环节增值税、消费税，购买跨境电子商务零售进口商品的个人作为纳税义务人，实际交易价格（包括货物零售价格、运费和保险费）作为完税价格，电子商务企业、电子商务交易平台企业或物流企业可作为代收代缴义务人。

二、跨境电子商务零售进口税收政策适用于从其他国家或地区进口的、《跨境电子商务零售进口商品清单》范围内的以下商品：

（一）所有通过与海关联网的电子商务交易平台交易，能够实现交易、支付、物流电子信息"三单"比对的跨境电子商务零售进口商品；

（二）未通过与海关联网的电子商务交易平台交易，但快递、邮政企业能够统一提供交易、支付、物流等电子信息，并承诺承担相应法律责任进境的跨境电子商务零售进口商品。

不属于跨境电子商务零售进口的个人物品以及无法提供交易、支付、物流等电子信息的跨境电子商务零售进口商品，按现行规定执行。

三、跨境电子商务零售进口商品的单次交易限值为人民币2000元，个人年度交易限值为人民币20000元。在限值以内进口的跨境电子商务零售进口商品，关税税率暂设为0%；进口环节增值税、消费税取消免征税额，暂按法定应纳税额的70%征收。超过单次限值、累加后超过个人年度限值的单次交易，以及完税价格超过2000元限值的单个不可分割商品，均按照一般贸易方式全额征税。

四、跨境电子商务零售进口商品自海关放行之日起30日内退货的，可申请退税，并相应调整个人年度交易总额。

五、跨境电子商务零售进口商品购买人（订购人）的身份信息应进行认证；未进行认证的，购买人（订购人）身份信息应与付款人一致。

六、《跨境电子商务零售进口商品清单》将由财政部商有关部门另行公布。

七、本通知自2016年4月8日起执行。

特此通知。

财政部　海关总署　国家税务总局
2016年3月24日

关于全面推广跨境电子商务零售进口
退货中心仓模式的公告

（海关总署公告 2021 年第 70 号）

为落实《国务院关于做好自由贸易试验区第六批改革试点经验
复制推广工作的通知》（国函〔2020〕96 号）要求，便捷跨境电子商
务零售进口商品退货，海关总署决定全面推广"跨境电子商务零售
进口退货中心仓模式"（以下简称退货中心仓模式）。现将有关事项
公告如下：

一、退货中心仓模式是指在跨境电商零售进口模式下，跨境电
商企业境内代理人或其委托的海关特殊监管区域内仓储企业（以下
简称退货中心仓企业）可在海关特殊监管区域内设置跨境电商零售
进口商品退货专用存储地点，将退货商品的接收、分拣等流程在原
海关特殊监管区域内开展的海关监管制度。

二、本公告适用于海关特殊监管区域内开展的跨境电子商务网
购保税零售进口（监管方式代码 1210）商品的退货。

三、申请设置退货中心仓并据此开展退货管理业务的退货中心
仓企业，其海关信用等级不得为失信企业。

四、退货中心仓企业开展退货业务时，应划定专门区位，配备
与海关联网的视频监控系统，使用计算机仓储管理系统（WMS）对
退货中心仓内商品的分拣、理货等作业进行信息化管理，并按照海
关规定的方式与海关信息化监管系统联网，向海关报送能够满足监
管要求的相关数据，接受海关监管。

五、退货中心仓企业应当建立退货流程监控体系、商品溯源体

系和相关管理制度，保证退货商品为原出区域商品，向海关如实申报，接受海关监管，并承担相应法律责任。

六、退货中心仓企业在退货中心仓内完成退货商品分拣后：对于符合退货监管要求的商品，按现行规定向海关信息化监管系统正式申报退货；对于不符合退货监管要求的商品，由退货中心仓企业复运出区域进行相应处置。

七、退货中心仓企业应注重安全生产，做好退货风险防控，从退货揽收、卡口入区域、消费者管理等方面完善管理制度，规范操作，遵守区域管理制度并配合海关强化对退货中心仓内商品的实货监管。

八、本公告自发布之日起施行，未尽事宜，按海关现行规定执行。

特此公告。

海关总署

2021 年 9 月 10 日

关于修订《中华人民共和国海关进出口货物报关单填制规范》的公告[1]

（海关总署公告 2019 年第 18 号）

为规范进出口货物收发货人的申报行为，统一进出口货物报关单填制要求，海关总署对《中华人民共和国海关进出口货物报关单填制规范》（海关总署 2018 年第 60 号公告）进行了修订。现将本次修订后的规范文本及有关内容公告如下：

一、根据现行相关规定，对第三条第五项，第七条第四项，第八条，第九条第二项，第十条第一项、第二项，第十三条第二项，第十四条第六项，第十五条第二项、第四项，第十六条，第十八条，第二十二条，第二十八条，第二十九条，第三十条，第三十一条第一项、第三项，第三十二条第五项、第八项、第二十五项、第二十七项、第二十八项、第二十九项，第三十三条，第三十四条，第三十五条第九项、第十二项，第三十六条第四项，第四十二条做了相应调整和修改。

二、海关特殊监管区域企业向海关申报货物进出境、进出区，应填制《中华人民共和国海关进（出）境货物备案清单》，海关特殊监管区域与境内（区外）之间进出的货物，区外企业应填制《中华

---

1 根据海关总署 2019 年第 58 号公告，自 2019 年 5 月 1 日起，海关总署 2019 年第 18 号公告附件《中华人民共和国海关进出口货物报关单填制规范》第四十六条"支付特许权使用费确认"的规定同时停止执行，按照 58 号公告规定执行。海关总署 2021 年第 34 号公告，附件中"三十一、随附单证及编号"项下的第（二）、（三）项内容停止执行。

人民共和国海关进（出）口货物报关单》。保税货物流转按照相关规定执行。

三、《中华人民共和国海关进（出）境货物备案清单》比照《中华人民共和国海关进出口货物报关单填制规范》的要求填制。

修订后的《中华人民共和国海关进出口货物报关单填制规范》（见附件）自2019年2月1日起执行，海关总署2018年第60号公告同时废止。

特此公告。

附件：中华人民共和国海关进出口货物报关单填制规范

海关总署

2019年1月22日

附件

中华人民共和国海关进出口货物报关单填制规范

《中华人民共和国海关进（出）口货物报关单》在本规范中采用"报关单"、"进口报关单"、"出口报关单"的提法。报关单各栏目的填制规范如下：

一、预录入编号

预录入编号指预录入报关单的编号，一份报关单对应一个预录入编号，由系统自动生成。

报关单预录入编号为18位，其中第1—4位为接受申报海关的代码（海关规定的《关区代码表》中相应海关代码），第5—8位为录入时的公历年份，第9位为进出口标志（"1"为进口，"0"为出口；集中申报清单"I"为进口，"E"为出口），后9位为顺序编号。

二、海关编号

海关编号指海关接受申报时给予报关单的编号，一份报关单对应一个海关编号，由系统自动生成。

报关单海关编号为18位，其中第1—4位为接受申报海关的代码（海关规定的《关区代码表》中相应海关代码），第5—8位为海关接受申报的公历年份，第9位为进出口标志（"1"为进口，"0"为出口；集中申报清单"I"为进口，"E"为出口），后9位为顺序编号。

三、境内收发货人

填报在海关备案的对外签订并执行进出口贸易合同的中国境内法人、其他组织名称及编码。编码填报18位法人和其他组织统一社会信用代码，没有统一社会信用代码的，填报其在海关的备案编码。

特殊情况下填报要求如下：

（一）进出口货物合同的签订者和执行者非同一企业的，填报执行合同的企业。

（二）外商投资企业委托进出口企业进口投资设备、物品的，填报外商投资企业，并在标记唛码及备注栏注明"委托某进出口企业进口"，同时注明被委托企业的18位法人和其他组织统一社会信用代码。

（三）有代理报关资格的报关企业代理其他进出口企业办理进出口报关手续时，填报委托的进出口企业。

（四）海关特殊监管区域收发货人填报该货物的实际经营单位或海关特殊监管区域内经营企业。

（五）免税品经营单位经营出口退税国产商品的，填报免税品经营单位名称。

四、进出境关别

根据货物实际进出境的口岸海关，填报海关规定的《关区代码表》中相应口岸海关的名称及代码。

特殊情况填报要求如下：

进口转关运输货物填报货物进境地海关名称及代码，出口转关运输货物填报货物出境地海关名称及代码。按转关运输方式监管的跨关区深加工结转货物，出口报关单填报转出地海关名称及代码，进口报关单填报转入地海关名称及代码。

在不同海关特殊监管区域或保税监管场所之间调拨、转让的货物，填报对方海关特殊监管区域或保税监管场所所在的海关名称及代码。

其他无实际进出境的货物，填报接受申报的海关名称及代码。

五、进出口日期

进口日期填报运载进口货物的运输工具申报进境的日期。出口日期指运载出口货物的运输工具办结出境手续的日期，在申报时免予填报。无实际进出境的货物，填报海关接受申报的日期。

进出口日期为8位数字，顺序为年（4位）、月（2位）、日（2位）。

六、申报日期

申报日期指海关接受进出口货物收发货人、受委托的报关企业申报数据的日期。以电子数据报关单方式申报的，申报日期为海关计算机系统接受申报数据时记录的日期。以纸质报关单方式申报的，申报日期为海关接受纸质报关单并对报关单进行登记处理的日期。本栏目在申报时免予填报。

申报日期为8位数字，顺序为年（4位）、月（2位）、日（2位）。

七、备案号

填报进出口货物收发货人、消费使用单位、生产销售单位在海关办理加工贸易合同备案或征、减、免税审核确认等手续时，海关核发的《加工贸易手册》、海关特殊监管区域和保税监管场所保税账册、《征免税证明》或其他备案审批文件的编号。

一份报关单只允许填报一个备案号。具体填报要求如下：

（一）加工贸易项下货物，除少量低值辅料按规定不使用《加工贸易手册》及以后续补税监管方式办理内销征税的外，填报《加工贸易手册》编号。

使用异地直接报关分册和异地深加工结转出口分册在异地口岸报关的，填报分册号；本地直接报关分册和本地深加工结转分册限制在本地报关，填报总册号。

加工贸易成品凭《征免税证明》转为减免税进口货物的，进口报关单填报《征免税证明》编号，出口报关单填报《加工贸易手册》编号。

对加工贸易设备、使用账册管理的海关特殊监管区域内减免税设备之间的结转，转入和转出企业分别填制进、出口报关单，在报关单"备案号"栏目填报《加工贸易手册》编号。

（二）涉及征、减、免税审核确认的报关单，填报《征免税证明》编号。

（三）减免税货物退运出口，填报《中华人民共和国海关进口减免税货物准予退运证明》的编号；减免税货物补税进口，填报《减免税货物补税通知书》的编号；减免税货物进口或结转进口（转入），填报《征免税证明》的编号；相应的结转出口（转出），填报《中华人民共和国海关进口减免税货物结转联系函》的编号。

（四）免税品经营单位经营出口退税国产商品的，免予填报。

八、境外收发货人

境外收货人通常指签订并执行出口贸易合同中的买方或合同指定的收货人，境外发货人通常指签订并执行进口贸易合同中的卖方。

填报境外收发货人的名称及编码。名称一般填报英文名称，检验检疫要求填报其他外文名称的，在英文名称后填报，以半角括号分隔；对于 AEO 互认国家（地区）企业的，编码填报 AEO 编码，填报样式为："国别（地区）代码＋海关企业编码"，例如：新加坡 AEO 企业 SG123456789012（新加坡国别代码＋12 位企业编码）；非互认国家（地区）AEO 企业等其他情形，编码免予填报。

特殊情况下无境外收发货人的，名称及编码填报"NO"。

九、运输方式

运输方式包括实际运输方式和海关规定的特殊运输方式，前者指货物实际进出境的运输方式，按进出境所使用的运输工具分类；后者指货物无实际进出境的运输方式，按货物在境内的流向分类。

根据货物实际进出境的运输方式或货物在境内流向的类别，按照海关规定的《运输方式代码表》选择填报相应的运输方式。

（一）特殊情况填报要求如下：

1.非邮件方式进出境的快递货物，按实际运输方式填报。

2.进口转关运输货物，按载运货物抵达进境地的运输工具填报；出口转关运输货物，按载运货物驶离出境地的运输工具填报。

3.不复运出（入）境而留在境内（外）销售的进出境展览品、留赠转卖物品等，填报"其他运输"（代码9）。

4.进出境旅客随身携带的货物，填报"旅客携带"（代码L）。

5.以固定设施（包括输油、输水管道和输电网等）运输货物的，填报"固定设施运输"（代码G）。

（二）无实际进出境货物在境内流转时填报要求如下：

1.境内非保税区运入保税区货物和保税区退区货物，填报"非保税区"（代码0）。

2.保税区运往境内非保税区货物，填报"保税区"（代码7）。

3.境内存入出口监管仓库和出口监管仓库退仓货物，填报"监管仓库"（代码1）。

4.保税仓库转内销货物或转加工贸易货物，填报"保税仓库"（代码8）。

5.从境内保税物流中心外运入中心或从中心运往境内中心外的货物，填报"物流中心"（代码W）。

6.从境内保税物流园区外运入园区或从园区内运往境内园区外的货物，填报"物流园区"（代码X）。

7.保税港区、综合保税区与境内（区外）（非海关特殊监管区域、保税监管场所）之间进出的货物，填报"保税港区/综合保税区"（代码Y）。

8.出口加工区、珠澳跨境工业区（珠海园区）、中哈霍尔果斯边境合作中心（中方配套区）与境内（区外）（非海关特殊监管区域、保税监管场所）之间进出的货物，填报"出口加工区"（代码Z）。

9.境内运入深港西部通道港方口岸区的货物以及境内进出中哈霍尔果斯边境合作中心中方区域的货物，填报"边境特殊海关作业区"（代码H）。

10.经横琴新区和平潭综合实验区（以下简称综合试验区）二线指定申报通道运往境内区外或从境内经二线指定申报通道进入综合试验区的货物，以及综合试验区内按选择性征收关税申报的货物，填报"综合试验区"（代码T）。

11.海关特殊监管区域内的流转、调拨货物，海关特殊监管区域、保税监管场所之间的流转货物，海关特殊监管区域与境内区外之间进出的货物，海关特殊监管区域外的加工贸易余料结转、深加工结转、内销货物，以及其他境内流转货物，填报"其他运输"（代码9）。

十、运输工具名称及航次号

填报载运货物进出境的运输工具名称或编号及航次号。填报内容应与运输部门向海关申报的舱单（载货清单）所列相应内容一致。

（一）运输工具名称具体填报要求如下：

1.直接在进出境地或采用全国通关一体化通关模式办理报关手续的报关单填报要求如下：

（1）水路运输：填报船舶编号（来往港澳小型船舶为监管簿编号）或者船舶英文名称。

（2）公路运输：启用公路舱单前，填报该跨境运输车辆的国内行驶车牌号，深圳提前报关模式的报关单填报国内行驶车牌号＋"/"＋"提前报关"。启用公路舱单后，免予填报。

（3）铁路运输：填报车厢编号或交接单号。

（4）航空运输：填报航班号。

（5）邮件运输：填报邮政包裹单号。

（6）其他运输：填报具体运输方式名称，例如：管道、驮畜等。

2.转关运输货物的报关单填报要求如下：

（1）进口。

A.水路运输：直转、提前报关填报"@"+16位转关申报单预录入号（或13位载货清单号）；中转填报进境英文船名。

B.铁路运输：直转、提前报关填报"@"+16位转关申报单预录入号；中转填报车厢编号。

C.航空运输：直转、提前报关填报"@"+16位转关申报单预录入号（或13位载货清单号）；中转填报"@"。

D.公路及其他运输：填报"@"+16位转关申报单预录入号（或13位载货清单号）。

E.以上各种运输方式使用广东地区载货清单转关的提前报关货物填报"@"+13位载货清单号。

（2）出口。

A.水路运输：非中转填报"@"+16位转关申报单预录入号（或13位载货清单号）。如多张报关单需要通过一张转关单转关的，运输工具名称字段填报"@"。

中转货物，境内水路运输填报驳船船名；境内铁路运输填报车名（主管海关4位关区代码+"TRAIN"）；境内公路运输填报车名（主管海关4位关区代码+"TRUCK"）。

B.铁路运输：填报"@"+16位转关申报单预录入号（或13位载货清单号），如多张报关单需要通过一张转关单转关的，填报"@"。

C.航空运输：填报"@"+16位转关申报单预录入号（或13位载货清单号），如多张报关单需要通过一张转关单转关的，填报"@"。

D.其他运输方式：填报"@"+16位转关申报单预录入号（或13位载货清单号）。

3.采用"集中申报"通关方式办理报关手续的，报关单填报"集中申报"。

4.免税品经营单位经营出口退税国产商品的，免予填报。

5.无实际进出境的货物，免予填报。

（二）航次号具体填报要求如下：

1.直接在进出境地或采用全国通关一体化通关模式办理报关手续的报关单

（1）水路运输：填报船舶的航次号。

（2）公路运输：启用公路舱单前，填报运输车辆的8位进出境日期［顺序为年（4位）、月（2位）、日（2位），下同］。启用公路舱单后，填报货物运输批次号。

（3）铁路运输：填报列车的进出境日期。

（4）航空运输：免予填报。

（5）邮件运输：填报运输工具的进出境日期。

（6）其他运输方式：免予填报。

2.转关运输货物的报关单

（1）进口。

A.水路运输：中转转关方式填报"@"+进境干线船舶航次。直转、提前报关免予填报。

B.公路运输：免予填报。

C.铁路运输："@"+8位进境日期。

D.航空运输：免予填报。

E.其他运输方式：免予填报。

（2）出口。

A.水路运输：非中转货物免予填报。中转货物：境内水路运输填报驳船航次号；境内铁路、公路运输填报6位启运日期［顺序为年（2位）、月（2位）、日（2位）］。

B.铁路拼车拼箱捆绑出口：免予填报。

C.航空运输：免予填报。

D.其他运输方式：免予填报。

3.免税品经营单位经营出口退税国产商品的，免予填报。

4.无实际进出境的货物，免予填报。

十一、提运单号

填报进出口货物提单或运单的编号。一份报关单只允许填报一个提单或运单号，一票货物对应多个提单或运单时，应分单填报。

具体填报要求如下：

（一）直接在进出境地或采用全国通关一体化通关模式办理报关手续的。

1.水路运输：填报进出口提单号。如有分提单的，填报进出口提单号＋"*"＋分提单号。

2.公路运输：启用公路舱单前，免予填报；启用公路舱单后，填报进出口总运单号。

3.铁路运输：填报运单号。

4.航空运输：填报总运单号＋"_"＋分运单号，无分运单的填报总运单号。

5.邮件运输：填报邮运包裹单号。

（二）转关运输货物的报关单。

1.进口。

（1）水路运输：直转、中转填报提单号。提前报关免予填报。

（2）铁路运输：直转、中转填报铁路运单号。提前报关免予填报。

（3）航空运输：直转、中转货物填报总运单号＋"_"＋分运单号。提前报关免予填报。

（4）其他运输方式：免予填报。

（5）以上运输方式进境货物，在广东省内用公路运输转关的，填报车牌号。

2.出口。

（1）水路运输：中转货物填报提单号；非中转货物免予填报；广东省内汽车运输提前报关的转关货物，填报承运车辆的车牌号。

（2）其他运输方式：免予填报。广东省内汽车运输提前报关的转关货物，填报承运车辆的车牌号。

（三）采用"集中申报"通关方式办理报关手续的，报关单填报归并的集中申报清单的进出口起止日期［按年（4位）月（2位）日（2位）年（4位）月（2位）日（2位）］。

（四）无实际进出境的货物，免予填报。

十二、货物存放地点

填报货物进境后存放的场所或地点，包括海关监管作业场所、分拨仓库、定点加工厂、隔离检疫场、企业自有仓库等。

十三、消费使用单位/生产销售单位

（一）消费使用单位填报已知的进口货物在境内的最终消费、使用单位的名称，包括：

1.自行进口货物的单位。

2.委托进出口企业进口货物的单位。

（二）生产销售单位填报出口货物在境内的生产或销售单位的名称，包括：

1.自行出口货物的单位。

2.委托进出口企业出口货物的单位。

3.免税品经营单位经营出口退税国产商品的，填报该免税品经营单位统一管理的免税店。

（三）减免税货物报关单的消费使用单位/生产销售单位应与《中华人民共和国海关进出口货物征免税证明》（以下简称《征免税

证明》）的"减免税申请人"一致；保税监管场所与境外之间的进出
境货物，消费使用单位／生产销售单位填报保税监管场所的名称［保
税物流中心（B型）填报中心内企业名称］。

（四）海关特殊监管区域的消费使用单位／生产销售单位填报区
域内经营企业（"加工单位"或"仓库"）。

（五）编码填报要求：

1.填报18位法人和其他组织统一社会信用代码。

2.无18位统一社会信用代码的，填报"NO"。

（六）进口货物在境内的最终消费或使用以及出口货物在境内的
生产或销售的对象为自然人的，填报身份证号、护照号、台胞证号
等有效证件号码及姓名。

十四、监管方式

监管方式是以国际贸易中进出口货物的交易方式为基础，结合
海关对进出口货物的征税、统计及监管条件综合设定的海关对进出
口货物的管理方式。其代码由4位数字构成，前两位是按照海关监管
要求和计算机管理需要划分的分类代码，后两位是参照国际标准编
制的贸易方式代码。

根据实际对外贸易情况按海关规定的《监管方式代码表》选择
填报相应的监管方式简称及代码。一份报关单只允许填报一种监管
方式。

特殊情况下加工贸易货物监管方式填报要求如下：

（一）进口少量低值辅料（即5000美元以下，78种以内的低值
辅料）按规定不使用《加工贸易手册》的，填报"低值辅料"。使用
《加工贸易手册》的，按《加工贸易手册》上的监管方式填报。

（二）加工贸易料件转内销货物以及按料件办理进口手续的转内
销制成品、残次品、未完成品，填制进口报关单，填报"来料料件内
销"或"进料料件内销"；加工贸易成品凭《征免税证明》转为减免

税进口货物的，分别填制进、出口报关单，出口报关单填报"来料成品减免"或"进料成品减免"，进口报关单按照实际监管方式填报。

（三）加工贸易出口成品因故退运进口及复运出口的，填报"来料成品退换"或"进料成品退换"；加工贸易进口料件因换料退运出口及复运进口的，填报"来料料件退换"或"进料料件退换"；加工贸易过程中产生的剩余料件、边角料退运出口，以及进口料件因品质、规格等原因退运出口且不再更换同类货物进口的，分别填报"来料料件复出"、"来料边角料复出"、"进料料件复出"、"进料边角料复出"。

（四）加工贸易边角料内销和副产品内销，填制进口报关单，填报"来料边角料内销"或"进料边角料内销"。

（五）企业销毁处置加工贸易货物未获得收入，销毁处置货物为料件、残次品的，填报"料件销毁"；销毁处置货物为边角料、副产品的，填报"边角料销毁"。

企业销毁处置加工贸易货物获得收入的，填报为"进料边角料内销"或"来料边角料内销"。

（六）免税品经营单位经营出口退税国产商品的，填报"其他"。

十五、征免性质

根据实际情况按海关规定的《征免性质代码表》选择填报相应的征免性质简称及代码，持有海关核发的《征免税证明》的，按照《征免税证明》中批注的征免性质填报。一份报关单只允许填报一种征免性质。

加工贸易货物报关单按照海关核发的《加工贸易手册》中批注的征免性质简称及代码填报。特殊情况填报要求如下：

（一）加工贸易转内销货物，按实际情况填报（如一般征税、科教用品、其他法定等）。

（二）料件退运出口、成品退运进口货物填报"其他法定"。

（三）加工贸易结转货物，免予填报。

（四）免税品经营单位经营出口退税国产商品的，填报"其他法定"。

十六、许可证号

填报进（出）口许可证、两用物项和技术进（出）口许可证、两用物项和技术出口许可证（定向）、纺织品临时出口许可证、出口许可证（加工贸易）、出口许可证（边境小额贸易）的编号。

免税品经营单位经营出口退税国产商品的，免予填报。

一份报关单只允许填报一个许可证号。

十七、启运港

填报进口货物在运抵我国关境前的第一个境外装运港。

根据实际情况，按海关规定的《港口代码表》填报相应的港口名称及代码，未在《港口代码表》列明的，填报相应的国家名称及代码。货物从海关特殊监管区域或保税监管场所运至境内区外的，填报《港口代码表》中相应海关特殊监管区域或保税监管场所的名称及代码，未在《港口代码表》中列明的，填报"未列出的特殊监管区"及代码。

其他无实际进境的货物，填报"中国境内"及代码。

十八、合同协议号

填报进出口货物合同（包括协议或订单）编号。未发生商业性交易的免予填报。

免税品经营单位经营出口退税国产商品的，免予填报。

十九、贸易国（地区）

发生商业性交易的进口填报购自国（地区），出口填报售予国（地区）。未发生商业性交易的填报货物所有权拥有者所属的国家（地区）。

按海关规定的《国别（地区）代码表》选择填报相应的贸易国（地区）中文名称及代码。

二十、启运国（地区）/运抵国（地区）

启运国（地区）填报进口货物启始发出直接运抵我国或者在运输中转国（地）未发生任何商业性交易的情况下运抵我国的国家（地区）。

运抵国（地区）填报出口货物离开我国关境直接运抵或者在运输中转国（地区）未发生任何商业性交易的情况下最后运抵的国家（地区）。

不经过第三国（地区）转运的直接运输进出口货物，以进口货物的装货港所在国（地区）为启运国（地区），以出口货物的指运港所在国（地区）为运抵国（地区）。

经过第三国（地区）转运的进出口货物，如在中转国（地区）发生商业性交易，则以中转国（地区）作为启运/运抵国（地区）。

按海关规定的《国别（地区）代码表》选择填报相应的启运国（地区）或运抵国（地区）中文名称及代码。

无实际进出境的货物，填报"中国"及代码。

二十一、经停港/指运港

经停港填报进口货物在运抵我国关境前的最后一个境外装运港。

指运港填报出口货物运往境外的最终目的港；最终目的港不可预知的，按尽可能预知的目的港填报。

根据实际情况，按海关规定的《港口代码表》选择填报相应的港口名称及代码。经停港/指运港在《港口代码表》中无港口名称及代码的，可选择填报相应的国家名称及代码。

无实际进出境的货物，填报"中国境内"及代码。

二十二、入境口岸/离境口岸

入境口岸填报进境货物从跨境运输工具卸离的第一个境内口岸的中文名称及代码；采取多式联运跨境运输的，填报多式联运货物最终卸离的境内口岸中文名称及代码；过境货物填报货物进入境内的第一个口岸的中文名称及代码；从海关特殊监管区域或保税监管场所进境的，填报海关特殊监管区域或保税监管场所的中文名称及代码。其他无实际进境的货物，填报货物所在地的城市名称及代码。

离境口岸填报装运出境货物的跨境运输工具离境的第一个境内口岸的中文名称及代码；采取多式联运跨境运输的，填报多式联运货物最初离境的境内口岸中文名称及代码；过境货物填报货物离境的第一个境内口岸的中文名称及代码；从海关特殊监管区域或保税监管场所离境的，填报海关特殊监管区域或保税监管场所的中文名称及代码。其他无实际出境的货物，填报货物所在地的城市名称及代码。

入境口岸/离境口岸类型包括港口、码头、机场、机场货运通道、边境口岸、火车站、车辆装卸点、车检场、陆路港、坐落在口岸的海关特殊监管区域等。按海关规定的《国内口岸编码表》选择填报相应的境内口岸名称及代码。

二十三、包装种类

填报进出口货物的所有包装材料，包括运输包装和其他包装，按海关规定的《包装种类代码表》选择填报相应的包装种类名称及代码。运输包装指提运单所列货物件数单位对应的包装，其他包装包括货物的各类包装，以及植物性铺垫材料等。

二十四、件数

填报进出口货物运输包装的件数（按运输包装计）。特殊情况填报要求如下：

（一）舱单件数为集装箱的，填报集装箱个数。

（二）舱单件数为托盘的，填报托盘数。

不得填报为零，裸装货物填报为"1"。

二十五、毛重（千克）

填报进出口货物及其包装材料的重量之和，计量单位为千克，不足一千克的填报为"1"。

二十六、净重（千克）

填报进出口货物的毛重减去外包装材料后的重量，即货物本身的实际重量，计量单位为千克，不足一千克的填报为"1"。

二十七、成交方式

根据进出口货物实际成交价格条款，按海关规定的《成交方式代码表》选择填报相应的成交方式代码。

无实际进出境的货物，进口填报CIF，出口填报FOB。

二十八、运费

填报进口货物运抵我国境内输入地点起卸前的运输费用，出口货物运至我国境内输出地点装载后的运输费用。

运费可按运费单价、总价或运费率三种方式之一填报，注明运费标记（运费标记"1"表示运费率，"2"表示每吨货物的运费单价，"3"表示运费总价），并按海关规定的《货币代码表》选择填报相应的币种代码。

免税品经营单位经营出口退税国产商品的，免予填报。

二十九、保费

填报进口货物运抵我国境内输入地点起卸前的保险费用，出口货物运至我国境内输出地点装载后的保险费用。

保费可按保险费总价或保险费率两种方式之一填报，注明保险费标记（保险费标记"1"表示保险费率，"3"表示保险费总价），并按海关规定的《货币代码表》选择填报相应的币种代码。

免税品经营单位经营出口退税国产商品的，免予填报。

三十、杂费

填报成交价格以外的、按照《中华人民共和国进出口关税条例》相关规定应计入完税价格或应从完税价格中扣除的费用。可按杂费总价或杂费率两种方式之一填报，注明杂费标记（杂费标记"1"表示杂费率，"3"表示杂费总价），并按海关规定的《货币代码表》选择填报相应的币种代码。

应计入完税价格的杂费填报为正值或正率，应从完税价格中扣除的杂费填报为负值或负率。

免税品经营单位经营出口退税国产商品的，免予填报。

三十一、随附单证及编号

根据海关规定的《监管证件代码表》和《随附单据代码表》选择填报除本规范第十六条规定的许可证件以外的其他进出口许可证件或监管证件、随附单据代码及编号。

本栏目分为随附单证代码和随附单证编号两栏，其中代码栏按海关规定的《监管证件代码表》和《随附单据代码表》选择填报相应证件代码；随附单证编号栏填报证件编号。

（一）加工贸易内销征税报关单（使用金关二期加贸管理系统的除外），随附单证代码栏填报"c"，随附单证编号栏填报海关审核通过的内销征税联系单号。

（二）一般贸易进出口货物，只能使用原产地证书申请享受协定税率或者特惠税率（以下统称优惠税率）的（无原产地声明模式），"随附单证代码"栏填报原产地证书代码"Y"，在"随附单证编号"栏填报"<优惠贸易协定代码>"和"原产地证书编号"。可以使用原产地证书或者原产地声明申请享受优惠税率的（有原产地声明模式），"随附单证代码"栏填写"Y"，"随附单证编号"栏填报"<优惠贸易协定代码>"、"C"（凭原产地证书申报）或"D"（凭原产地声明申报），以及"原产地证书编号（或者原产地声明序列号）"。一份报关单对应一份原产地证书或原产地声明。各优惠贸易协定代码如下：

"01"为"亚太贸易协定"；

"02"为"中国—东盟自贸协定"；

"03"为"内地与香港紧密经贸关系安排"（香港CEPA）；

"04"为"内地与澳门紧密经贸关系安排"（澳门CEPA）；

"06"为"台湾农产品零关税措施"；

"07"为"中国—巴基斯坦自贸协定"；

"08"为"中国—智利自贸协定"；

"10"为"中国—新西兰自贸协定"；

"11"为"中国—新加坡自贸协定"；

"12"为"中国—秘鲁自贸协定"；

"13"为"最不发达国家特别优惠关税待遇"；

"14"为"海峡两岸经济合作框架协议（ECFA）"；

"15"为"中国—哥斯达黎加自贸协定"；

"16"为"中国—冰岛自贸协定"；

"17"为"中国—瑞士自贸协定"；

"18"为"中国—澳大利亚自贸协定"；

"19"为"中国—韩国自贸协定"；

"20"为"中国—格鲁吉亚自贸协定"。

海关特殊监管区域和保税监管场所内销货物申请适用优惠税率的，有关货物进出海关特殊监管区域和保税监管场所以及内销时，已通过原产地电子信息交换系统实现电子联网的优惠贸易协定项下货物报关单，按照上述一般贸易要求填报；未实现电子联网的优惠贸易协定项下货物报关单，"随附单证代码"栏填报"Y"，"随附单证编号"栏填报"<优惠贸易协定代码>"和"原产地证据文件备案号"。"原产地证据文件备案号"为进出口货物的收发货物人或者其代理人录入原产地证据文件电子信息后，系统自动生成的号码。

向香港或者澳门特别行政区出口用于生产香港CEPA或者澳门CEPA项下货物的原材料时，按照上述一般贸易填报要求填制报关单，香港或澳门生产厂商在香港工贸署或者澳门经济局登记备案的有关备案号填报在"关联备案"栏。

"单证对应关系表"中填报报关单上的申报商品项与原产地证书（原产地声明）上的商品项之间的对应关系。报关单上的商品序号与原产地证书（原产地声明）上的项目编号应一一对应，不要求顺序对应。同一批次进口货物可以在同一报关单中申报，不享受优惠税率的货物序号不填报在"单证对应关系表"中。

（三）各优惠贸易协定项下，免提交原产地证据文件的小金额进口货物"随附单证代码"栏填报"Y"，"随附单证编号"栏填报"<优惠贸易协定代码>XJE00000"，"单证对应关系表"享惠报关单项号按实际填报，对应单证项号与享惠报关单项号相同。

三十二、标记唛码及备注

填报要求如下：

（一）标记唛码中除图形以外的文字、数字，无标记唛码的填报N/M。

（二）受外商投资企业委托代理其进口投资设备、物品的进出口企业名称。

（三）与本报关单有关联关系的，同时在业务管理规范方面又要求填报的备案号，填报在电子数据报关单中"关联备案"栏。

保税间流转货物、加工贸易结转货物及凭《征免税证明》转内销货物，其对应的备案号填报在"关联备案"栏。

减免税货物结转进口（转入），"关联备案"栏填报本次减免税货物结转所申请的《中华人民共和国海关进口减免税货物结转联系函》的编号。

减免税货物结转出口（转出），"关联备案"栏填报与其相对应的进口（转入）报关单"备案号"栏中《征免税证明》的编号。

（四）与本报关单有关联关系的，同时在业务管理规范方面又要求填报的报关单号，填报在电子数据报关单中"关联报关单"栏。

　　保税间流转、加工贸易结转类的报关单，应先办理进口报关，并将进口报关单号填入出口报关单的"关联报关单"栏。

　　办理进口货物直接退运手续的，除另有规定外，应先填制出口报关单，再填制进口报关单，并将出口报关单号填报在进口报关单的"关联报关单"栏。

　　减免税货物结转出口（转出），应先办理进口报关，并将进口（转入）报关单号填入出口（转出）报关单的"关联报关单"栏。

　　（五）办理进口货物直接退运手续的，填报"<ZT>"＋"海关审核联系单号或者《海关责令进口货物直接退运通知书》编号"＋">"。办理固体废物直接退运手续的，填报"固体废物，直接退运表××号/责令直接退运通知书××号"。

　　（六）保税监管场所进出货物，在"保税/监管场所"栏填报本保税监管场所编码〔保税物流中心（B型）填报本中心的国内地区代码〕，其中涉及货物在保税监管场所间流转的，在本栏填报对方保税监管场所代码。

　　（七）涉及加工贸易货物销毁处置的，填报海关加工贸易货物销毁处置申报表编号。

　　（八）当监管方式为"暂时进出货物"（代码2600）和"展览品"（代码2700）时，填报要求如下：

　　1.根据《中华人民共和国海关暂时进出境货物管理办法》（海关总署令第233号，以下简称《管理办法》）第三条第一款所列项目，填报暂时进出境货物类别，如：暂进六，暂出九；

　　2.根据《管理办法》第十条规定，填报复运出境或者复运进境日期，期限应在货物进出境之日起6个月内，如：20180815前复运进境，20181020前复运出境；

　　3.根据《管理办法》第七条，向海关申请对有关货物是否属于暂时进出境货物进行审核确认的，填报《中华人民共和国××海关

暂时进出境货物审核确认书》编号，如：<ZS海关审核确认书编号>，
其中英文为大写字母；无此项目的，无需填报。

上述内容依次填报，项目间用"/"分隔，前后均不加空格。

4.收发货人或其代理人申报货物复运进境或者复运出境的：

货物办理过延期的，根据《管理办法》填报《货物暂时进/出境
延期办理单》的海关回执编号，如：<ZS海关回执编号>，其中英文
为大写字母；无此项目的，无需填报。

（九）跨境电子商务进出口货物，填报"跨境电子商务"。

（十）加工贸易副产品内销，填报"加工贸易副产品内销"。

（十一）服务外包货物进口，填报"国际服务外包进口货物"。

（十二）公式定价进口货物填报公式定价备案号，格式为："公
式定价"＋备案编号＋"@"。对于同一报关单下有多项商品的，如
某项或某几项商品为公式定价备案的，则备注栏内填报为："公式定
价"＋备案编号＋"#"＋商品序号＋"@"。

（十三）进出口与《预裁定决定书》列明情形相同的货物时，按
照《预裁定决定书》填报，格式为："预裁定＋《预裁定决定书》编
号"（例如：某份预裁定决定书编号为R-2-0100-2018-0001，则填
报为"预裁定R-2-0100-2018-0001"）。

（十四）含归类行政裁定报关单，填报归类行政裁定编号，格式
为："c"＋四位数字编号，例如c0001。

（十五）已经在进入特殊监管区时完成检验的货物，在出区入境
申报时，填报"预检验"字样，同时在"关联报检单"栏填报实施
预检验的报关单号。

（十六）进口直接退运的货物，填报"直接退运"字样。

（十七）企业提供ATA单证册的货物，填报"ATA单证册"
字样。

（十八）不含动物源性低风险生物制品，填报"不含动物源性"

字样。

（十九）货物自境外进入境内特殊监管区或者保税仓库的，填报"保税入库"或者"境外入区"字样。

（二十）海关特殊监管区域与境内区外之间采用分送集报方式进出的货物，填报"分送集报"字样。

（二十一）军事装备出入境的，填报"军品"或"军事装备"字样。

（二十二）申报 HS 为 3821000000、3002300000 的，属于下列情况的，填报要求为：属于培养基的，填报"培养基"字样；属于化学试剂的，填报"化学试剂"字样；不含动物源性成分的，填报"不含动物源性"字样。

（二十三）属于修理物品的，填报"修理物品"字样。

（二十四）属于下列情况的，填报"压力容器"、"成套设备"、"食品添加剂"、"成品退换"、"旧机电产品"等字样。

（二十五）申报 HS 为 2903890020（入境六溴环十二烷），用途为"其他（99）"的，填报具体用途。

（二十六）集装箱体信息填报集装箱号（在集装箱箱体上标示的全球唯一编号）、集装箱规格、集装箱商品项号关系（单个集装箱对应的商品项号，半角逗号分隔）、集装箱货重（集装箱箱体自重+装载货物重量，千克）。

（二十七）申报 HS 为 3006300000、3504009000、3507909010、3507909090、3822001000、3822009000，不属于"特殊物品"的，填报"非特殊物品"字样。"特殊物品"定义见《出入境特殊物品卫生检疫管理规定》（国家质量监督检验检疫总局令第160号公布，根据国家质量监督检验检疫总局令第184号、海关总署令第238号、第240号、第243号修改）。

（二十八）进出口列入目录的进出口商品及法律、行政法规规定须经出入境检验检疫机构检验的其他进出口商品实施检验的，填报"应检商品"字样。

（二十九）申报时其他必须说明的事项。

三十三、项号

分两行填报。第一行填报报关单中的商品顺序编号；第二行填报备案序号，专用于加工贸易及保税、减免税等已备案、审批的货物，填报该项货物在《加工贸易手册》或《征免税证明》等备案、审批单证中的顺序编号。有关优惠贸易协定项下报关单填制要求按照海关总署相关规定执行。其中第二行特殊情况填报要求如下：

（一）深加工结转货物，分别按照《加工贸易手册》中的进口料件项号和出口成品项号填报。

（二）料件结转货物（包括料件、制成品和未完成品折料），出口报关单按照转出《加工贸易手册》中进口料件的项号填报；进口报关单按照转进《加工贸易手册》中进口料件的项号填报。

（三）料件复出货物（包括料件、边角料），出口报关单按照《加工贸易手册》中进口料件的项号填报；如边角料对应一个以上料件项号时，填报主要料件项号。料件退换货物（包括料件、不包括未完成品），进出口报关单按照《加工贸易手册》中进口料件的项号填报。

（四）成品退换货物，退运进境报关单和复运出境报关单按照《加工贸易手册》原出口成品的项号填报。

（五）加工贸易料件转内销货物（以及按料件办理进口手续的转内销制成品、残次品、未完成品）填制进口报关单，填报《加工贸易手册》进口料件的项号；加工贸易边角料、副产品内销，填报《加工贸易手册》中对应的进口料件项号。如边角料或副产品对应一个以上料件项号时，填报主要料件项号。

（六）加工贸易成品凭《征免税证明》转为减免税货物进口的，

应先办理进口报关手续。进口报关单填报《征免税证明》中的项号，出口报关单填报《加工贸易手册》原出口成品项号，进、出口报关单货物数量应一致。

（七）加工贸易货物销毁，填报《加工贸易手册》中相应的进口料件项号。

（八）加工贸易副产品退运出口、结转出口，填报《加工贸易手册》中新增成品的出口项号。

（九）经海关批准实行加工贸易联网监管的企业，按海关联网监管要求，企业需申报报关清单的，应在向海关申报进出口（包括形式进出口）报关单前，向海关申报"清单"。一份报关清单对应一份报关单，报关单上的商品由报关清单归并而得。加工贸易电子账册报关单中项号、品名、规格等栏目的填制规范比照《加工贸易手册》。

三十四、商品编号

填报由10位数字组成的商品编号。前8位为《中华人民共和国进出口税则》和《中华人民共和国海关统计商品目录》确定的编码；9、10位为监管附加编号。

三十五、商品名称及规格型号

分两行填报。第一行填报进出口货物规范的中文商品名称，第二行填报规格型号。具体填报要求如下：

（一）商品名称及规格型号应据实填报，并与进出口货物收发货人或受委托的报关企业所提交的合同、发票等相关单证相符。

（二）商品名称应当规范，规格型号应当足够详细，以能满足海关归类、审价及许可证件管理要求为准，可参照《中华人民共和国海关进出口商品规范申报目录》中对商品名称、规格型号的要求进行填报。

（三）已备案的加工贸易及保税货物，填报的内容必须与备案登记中同项号下货物的商品名称一致。

（四）对需要海关签发《货物进口证明书》的车辆，商品名称栏填报"车辆品牌＋排气量（注明cc）＋车型（如越野车、小轿车等）"。进口汽车底盘不填报排气量。车辆品牌按照《进口机动车辆制造厂名称和车辆品牌中英文对照表》中"签注名称"一栏的要求填报。规格型号栏可填报"汽油型"等。

（五）由同一运输工具同时运抵同一口岸并且属于同一收货人、使用同一提单的多种进口货物，按照商品归类规则应当归入同一商品编号的，应当将有关商品一并归入该商品编号。商品名称填报一并归类后的商品名称；规格型号填报一并归类后商品的规格型号。

（六）加工贸易边角料和副产品内销，边角料复出口，填报其报验状态的名称和规格型号。

（七）进口货物收货人以一般贸易方式申报进口属于《需要详细列名申报的汽车零部件清单》（海关总署2006年第64号公告）范围内的汽车生产件的，按以下要求填报：

1.商品名称填报进口汽车零部件的详细中文商品名称和品牌，中文商品名称与品牌之间用"/"相隔，必要时加注英文商业名称；进口的成套散件或者毛坯件应在品牌后加注"成套散件"、"毛坯"等字样，并与品牌之间用"/"相隔。

2.规格型号填报汽车零部件的完整编号。在零部件编号前应当加注"S"字样，并与零部件编号之间用"/"相隔，零部件编号之后应当依次加注该零部件适用的汽车品牌和车型。汽车零部件属于可以适用于多种汽车车型的通用零部件的，零部件编号后应当加注"TY"字样，并用"/"与零部件编号相隔。与进口汽车零部件规格型号相关的其他需要申报的要素，或者海关规定的其他需要申报的要素，如"功率"、"排气量"等，应当在车型或"TY"之后填报，并用"/"与之相隔。汽车零部件报验状态是成套散件的，应当在

"标记唛码及备注"栏内填报该成套散件装配后的最终完整品的零部件编号。

（八）进口货物收货人以一般贸易方式申报进口属于《需要详细列名申报的汽车零部件清单》（海关总署2006年第64号公告）范围内的汽车维修件的，填报规格型号时，应当在零部件编号前加注"W"，并与零部件编号之间用"/"相隔；进口维修件的品牌与该零部件适用的整车厂牌不一致的，应当在零部件编号前加注"WF"，并与零部件编号之间用"/"相隔。其余申报要求同上条执行。

（九）品牌类型。品牌类型为必填项目。可选择"无品牌"（代码0）、"境内自主品牌"（代码1）、"境内收购品牌"（代码2）、"境外品牌（贴牌生产）"（代码3）、"境外品牌（其他）"（代码4）如实填报。其中，"境内自主品牌"是指由境内企业自主开发、拥有自主知识产权的品牌；"境内收购品牌"是指境内企业收购的原境外品牌；"境外品牌（贴牌生产）"是指境内企业代工贴牌生产中使用的境外品牌；"境外品牌（其他）"是指除代工贴牌生产以外使用的境外品牌。上述品牌类型中，除"境外品牌（贴牌生产）"仅用于出口外，其他类型均可用于进口和出口。

（十）出口享惠情况。出口享惠情况为出口报关单必填项目。可选择"出口货物在最终目的国（地区）不享受优惠关税"、"出口货物在最终目的国（地区）享受优惠关税"、"出口货物不能确定在最终目的国（地区）享受优惠关税"如实填报。进口货物报关单不填报该申报项。

（十一）申报进口已获3C认证的机动车辆时，填报以下信息：

1.提运单日期。填报该项货物的提运单签发日期。

2.质量保质期。填报机动车的质量保证期。

3.发动机号或电机号。填报机动车的发动机号或电机号，应与机动车上打刻的发动机号或电机号相符。纯电动汽车、插电式混合动力汽车、燃料电池汽车为电机号，其它机动车为发动机号。

4.车辆识别代码（VIN）。填报机动车车辆识别代码，须符合国家强制性标准《道路车辆 车辆识别代号（VIN）》（GB 16735）的要求。该项目一般与机动车的底盘（车架号）相同。

5.发票所列数量。填报对应发票中所列进口机动车的数量。

6.品名（中文名称）。填报机动车中文品名，按《进口机动车辆制造厂名称和车辆品牌中英文对照表》（原质检总局2004年52号公告）的要求填报。

7.品名（英文名称）。填报机动车英文品名，按《进口机动车辆制造厂名称和车辆品牌中英文对照表》（原质检总局2004年52号公告）的要求填报。

8.型号（英文）。填报机动车型号，与机动车产品标牌上整车型号一栏相符。

（十二）进口货物收货人申报进口属于实施反倾销反补贴措施货物的，填报"原厂商中文名称"、"原厂商英文名称"、"反倾销税率"、"反补贴税率"和"是否符合价格承诺"等计税必要信息。格式要求为："|<><><><><>"。"|"、"<"和">"均为英文半角符号。第一个"|"为在规格型号栏目中已填报的最后一个申报要素后系统自动生成或人工录入的分割符（若相关商品税号无规范申报填报要求，则需要手工录入"|"），"|"后面5个"<>"内容依次为"原厂商中文名称"、"原厂商英文名称（如无原厂商英文名称，可填报以原厂商所在国或地区文字标注的名称，具体可参照商务部实施贸易救济措施相关公告中对有关原厂商的外文名称写法）"、"反倾销税率"、"反补贴税率"、"是否符合价格承诺"。其中，"反倾销税率"和"反补贴税率"填写实际值，例如，税率为30%，填写"0.3"。"是否符合价格承诺"填写"1"或者"0"，"1"代表"是"，"0"代表"否"。填报时，5个"<>"不可缺项，如第3、4、5项"<>"中

无申报事项，相应的"<>"中内容可以为空，但"<>"需要保留。

　　三十六、数量及单位

　　分三行填报。

　　（一）第一行按进出口货物的法定第一计量单位填报数量及单位，法定计量单位以《中华人民共和国海关统计商品目录》中的计量单位为准。

　　（二）凡列明有法定第二计量单位的，在第二行按照法定第二计量单位填报数量及单位。无法定第二计量单位的，第二行为空。

　　（三）成交计量单位及数量填报在第三行。

　　（四）法定计量单位为"千克"的数量填报，特殊情况下填报要求如下：

　　1.装入可重复使用的包装容器的货物，按货物扣除包装容器后的重量填报，如罐装同位素、罐装氧气及类似品等。

　　2.使用不可分割包装材料和包装容器的货物，按货物的净重填报（即包括内层直接包装的净重重量），如采用供零售包装的罐头、药品及类似品等。

　　3.按照商业惯例以公量重计价的商品，按公量重填报，如未脱脂羊毛、羊毛条等。

　　4.采用以毛重作为净重计价的货物，可按毛重填报，如粮食、饲料等大宗散装货物。

　　5.采用零售包装的酒类、饮料、化妆品，按照液体/乳状/膏状/粉状部分的重量填报。

　　（五）成套设备、减免税货物如需分批进口，货物实际进口时，按照实际报验状态确定数量。

　　（六）具有完整品或制成品基本特征的不完整品、未制成品，根据《商品名称及编码协调制度》归类规则按完整品归类的，按照构成完整品的实际数量填报。

（七）已备案的加工贸易及保税货物，成交计量单位必须与《加工贸易手册》中同项号下货物的计量单位一致，加工贸易边角料和副产品内销、边角料复出口，填报其报验状态的计量单位。

（八）优惠贸易协定项下进出口商品的成交计量单位必须与原产地证书上对应商品的计量单位一致。

（九）法定计量单位为立方米的气体货物，折算成标准状况（即摄氏零度及1个标准大气压）下的体积进行填报。

三十七、单价

填报同一项号下进出口货物实际成交的商品单位价格。无实际成交价格的，填报单位货值。

三十八、总价

填报同一项号下进出口货物实际成交的商品总价格。无实际成交价格的，填报货值。

三十九、币制

按海关规定的《货币代码表》选择相应的货币名称及代码填报，如《货币代码表》中无实际成交币种，需将实际成交货币按申报日外汇折算率折算成《货币代码表》列明的货币填报。

四十、原产国（地区）

原产国（地区）依据《中华人民共和国进出口货物原产地条例》、《中华人民共和国海关关于执行〈非优惠原产地规则中实质性改变标准〉的规定》以及海关总署关于各项优惠贸易协定原产地管理规章规定的原产地确定标准填报。同一批进出口货物的原产地不同的，分别填报原产国（地区）。进出口货物原产国（地区）无法确定的，填报"国别不详"。

按海关规定的《国别（地区）代码表》选择填报相应的国家（地区）名称及代码。

四十一、最终目的国（地区）

最终目的国（地区）填报已知的进出口货物的最终实际消费、使用或进一步加工制造国家（地区）。不经过第三国（地区）转运的直接运输货物，以运抵国（地区）为最终目的国（地区）；经过第三国（地区）转运的货物，以最后运往国（地区）为最终目的国（地区）。同一批进出口货物的最终目的国（地区）不同的，分别填报最终目的国（地区）。进出口货物不能确定最终目的国（地区）时，以尽可能预知的最后运往国（地区）为最终目的国（地区）。

按海关规定的《国别（地区）代码表》选择填报相应的国家（地区）名称及代码。

四十二、境内目的地/境内货源地

境内目的地填报已知的进口货物在国内的消费、使用地或最终运抵地，其中最终运抵地为最终使用单位所在的地区。最终使用单位难以确定的，填报货物进口时预知的最终收货单位所在地。

境内货源地填报出口货物在国内的产地或原始发货地。出口货物产地难以确定的，填报最早发运该出口货物的单位所在地。

海关特殊监管区域、保税物流中心（B型）与境外之间的进出境货物，境内目的地／境内货源地填报本海关特殊监管区域、保税物流中心（B型）所对应的国内地区。

按海关规定的《国内地区代码表》选择填报相应的国内地区名称及代码。境内目的地还需根据《中华人民共和国行政区划代码表》选择填报其对应的县级行政区名称及代码。无下属区县级行政区的，可选择填报地市级行政区。

四十三、征免

按照海关核发的《征免税证明》或有关政策规定，对报关单所列每项商品选择海关规定的《征减免税方式代码表》中相应的征减免税方式填报。

加工贸易货物报关单根据《加工贸易手册》中备案的征免规定填报；《加工贸易手册》中备案的征免规定为"保金"或"保函"的，填报"全免"。

四十四、特殊关系确认

根据《中华人民共和国海关审定进出口货物完税价格办法》（以下简称《审价办法》）第十六条，填报确认进出口行为中买卖双方是否存在特殊关系，有下列情形之一的，应当认为买卖双方存在特殊关系，应填报"是"，反之则填报"否"：

（一）买卖双方为同一家族成员的。

（二）买卖双方互为商业上的高级职员或者董事的。

（三）一方直接或者间接地受另一方控制的。

（四）买卖双方都直接或者间接地受第三方控制的。

（五）买卖双方共同直接或者间接地控制第三方的。

（六）一方直接或者间接地拥有、控制或者持有对方5%以上（含5%）公开发行的有表决权的股票或者股份的。

（七）一方是另一方的雇员、高级职员或者董事的。

（八）买卖双方是同一合伙的成员的。

买卖双方在经营上相互有联系，一方是另一方的独家代理、独家经销或者独家受让人，如果符合前款的规定，也应当视为存在特殊关系。

出口货物免予填报，加工贸易及保税监管货物（内销保税货物除外）免予填报。

四十五、价格影响确认

根据《审价办法》第十七条，填报确认纳税义务人是否可以证明特殊关系未对进口货物的成交价格产生影响，纳税义务人能证明其成交价格与同时或者大约同时发生的下列任何一款价格相近的，应视为特殊关系未对成交价格产生影响，填报"否"，反之则

填报"是":

（一）向境内无特殊关系的买方出售的相同或者类似进口货物的成交价格。

（二）按照《审价办法》第二十三条的规定所确定的相同或者类似进口货物的完税价格。

（三）按照《审价办法》第二十五条的规定所确定的相同或者类似进口货物的完税价格。

出口货物免予填报，加工贸易及保税监管货物（内销保税货物除外）免予填报。

四十六、支付特许权使用费确认

根据《审价办法》第十一条和第十三条，填报确认买方是否存在向卖方或者有关方直接或者间接支付与进口货物有关的特许权使用费，且未包括在进口货物的实付、应付价格中。

买方存在需向卖方或者有关方直接或者间接支付特许权使用费，且未包含在进口货物实付、应付价格中，并且符合《审价办法》第十三条的，在"支付特许权使用费确认"栏目填报"是"。

买方存在需向卖方或者有关方直接或者间接支付特许权使用费，且未包含在进口货物实付、应付价格中，但纳税义务人无法确认是否符合《审价办法》第十三条的，填报"是"。

买方存在需向卖方或者有关方直接或者间接支付特许权使用费且未包含在实付、应付价格中，纳税义务人根据《审价办法》第十三条，可以确认需支付的特许权使用费与进口货物无关的，填报"否"。

买方不存在向卖方或者有关方直接或者间接支付特许权使用费的，或者特许权使用费已经包含在进口货物实付、应付价格中的，填报"否"。

出口货物免予填报，加工贸易及保税监管货物（内销保税货物除外）免予填报。

四十七、自报自缴

进出口企业、单位采用"自主申报、自行缴税"（自报自缴）模式向海关申报时，填报"是"；反之则填报"否"。

四十八、申报单位

自理报关的，填报进出口企业的名称及编码；委托代理报关的，填报报关企业名称及编码。编码填报18位法人和其他组织统一社会信用代码。

报关人员填报在海关备案的姓名、编码、电话，并加盖申报单位印章。

四十九、海关批注及签章

供海关作业时签注。

相关用语的含义：

报关单录入凭单：指申报单位按报关单的格式填写的凭单，用作报关单预录入的依据。该凭单的编号规则由申报单位自行决定。

预录入报关单：指预录入单位按照申报单位填写的报关单凭单录入、打印由申报单位向海关申报，海关尚未接受申报的报关单。

报关单证明联：指海关在核实货物实际进出境后按报关单格式提供的，用作进出口货物收发货人向国税、外汇管理部门办理退税和外汇核销手续的证明文件。

本规范所述尖括号（<>）、逗号（,）、连接符（-）、冒号（:）等标点符号及数字，填报时都必须使用非中文状态下的半角字符。

中华人民共和国海关对出口监管仓库
及所存货物的管理办法

（2005年11月28日海关总署令第133号发布　根据2015年4月28日海关总署令第227号《海关总署关于修改部分规章的决定》第一次修正　根据2017年12月20日海关总署令第235号《海关总署关于修改部分规章的决定》第二次修正　根据2018年5月29日海关总署令第240号《海关总署关于修改部分规章的决定》第三次修正　根据2018年11月23日海关总署令第243号《海关总署关于修改部分规章的决定》第四次修正　根据2023年5月15日海关总署令第263号《海关总署关于修改部分规章的决定》第五次修正）

第一章　总　则

第一条　为规范海关对出口监管仓库及所存货物的管理，根据《中华人民共和国海关法》和其他有关法律、行政法规，制定本办法。

第二条　本办法所称出口监管仓库，是指经海关批准设立，对已办结海关出口手续的货物进行存储、保税物流配送、提供流通性增值服务的仓库。

第三条　出口监管仓库的设立、经营管理以及对出口监管仓库所存货物的管理适用本办法。

第四条 出口监管仓库分为出口配送型仓库和国内结转型仓库。出口配送型仓库是指存储以实际离境为目的的出口货物的仓库。国内结转型仓库是指存储用于国内结转的出口货物的仓库。

第五条 出口监管仓库的设立应当符合海关对出口监管仓库布局的要求。

第六条 出口监管仓库的设立，由出口监管仓库所在地主管海关受理，报直属海关审批。

第七条 下列已办结海关出口手续的货物，可以存入出口监管仓库：

（一）一般贸易出口货物；

（二）加工贸易出口货物；

（三）从其他海关特殊监管区域、保税监管场所转入的出口货物；

（四）出口配送型仓库可以存放为拼装出口货物而进口的货物，以及为改换出口监管仓库货物包装而进口的包装物料；

（五）其他已办结海关出口手续的货物。

第八条 出口监管仓库不得存放下列货物：

（一）国家禁止进出境货物；

（二）未经批准的国家限制进出境货物；

（三）海关规定不得存放的其他货物。

第二章　出口监管仓库的设立

第九条 申请设立出口监管仓库的经营企业，应当具备下列条件：

（一）取得经营主体资格，经营范围包括仓储经营；

（二）具有专门存储货物的场所，其中出口配送型仓库的面积不得低于2000平方米，国内结转型仓库的面积不得低于1000平方米。

第十条 企业申请设立出口监管仓库，应当向仓库所在地主管海关递交以下加盖企业印章的书面材料：

（一）《出口监管仓库申请书》；

（二）仓库地理位置示意图及平面图。

第十一条 海关依据《中华人民共和国行政许可法》和《中华人民共和国海关行政许可管理办法》的规定，受理、审查设立出口监管仓库的申请。对于符合条件的，作出准予设立出口监管仓库的行政许可决定，并出具批准文件；对于不符合条件的，作出不予设立出口监管仓库的行政许可决定，并应当书面告知申请企业。

第十二条 申请设立出口监管仓库的企业应当自海关出具批准文件之日起1年内向海关申请验收出口监管仓库。

申请验收应当符合以下条件：

（一）符合本办法第九条第二项规定的条件；

（二）具有符合海关监管要求的隔离设施、监管设施和办理业务必需的其他设施；

（三）具有符合海关监管要求的计算机管理系统，并与海关联网；

（四）建立了出口监管仓库的章程、机构设置、仓储设施及账册管理等仓库管理制度。

企业无正当理由逾期未申请验收或者验收不合格的，该出口监管仓库的批准文件自动失效。

第十三条 出口监管仓库验收合格后，经海关注册登记并核发《出口监管仓库注册登记证书》，方可以开展有关业务。《出口监管仓库注册登记证书》有效期为3年。

第三章 出口监管仓库的管理

第十四条 出口监管仓库必须专库专用，不得转租、转借给他人经营，不得下设分库。

第十五条 海关对出口监管仓库实施计算机联网管理。

第十六条 海关可以随时派员进入出口监管仓库检查货物的进、出、转、存情况及有关账册、记录。

海关可以会同出口监管仓库经营企业共同对出口监管仓库加锁或者直接派员驻库监管。

第十七条 出口监管仓库经营企业负责人和出口监管仓库管理人员应当熟悉和遵守海关有关规定。

第十八条 出口监管仓库经营企业应当如实填写有关单证、仓库账册、真实记录并全面反映其业务活动和财务状况，编制仓库月度进、出、转、存情况表，并定期报送主管海关。

第十九条 出口监管仓库经营企业名称、主体类型以及出口监管仓库名称等事项发生变化的，出口监管仓库经营企业应当自上述事项变化之日起30日内，向主管海关办理变更手续。

出口监管仓库变更地址、仓储面积等事项的，出口监管仓库经营企业应当提前向主管海关提出变更申请，并办理变更手续。

出口监管仓库变更仓库类型的，按照本办法第二章出口监管仓库的设立的有关规定办理。

第二十条 出口监管仓库有下列情形之一的，海关注销其注册登记，并收回《出口监管仓库注册登记证书》：

（一）无正当理由逾期未申请延期审查或者延期审查不合格的；

（二）仓库经营企业书面申请变更出口监管仓库类型的；

（三）仓库经营企业书面申请终止出口监管仓库仓储业务的；

（四）仓库经营企业，丧失本办法第九条规定的条件的；

（五）法律、法规规定的应当注销行政许可的其他情形。

第四章 出口监管仓库货物的管理

第二十一条 出口监管仓库所存货物存储期限为6个月。经主管海关同意可以延期，但延期不得超过6个月。

货物存储期满前，仓库经营企业应当通知发货人或者其代理人办理货物的出境或者进口手续。

第二十二条　存入出口监管仓库的货物不得进行实质性加工。

经主管海关同意，可以在仓库内进行品质检验、分级分类、分拣分装、加刷唛码、刷贴标志、打膜、改换包装等流通性增值服务。

第二十三条　对经批准享受入仓即予退税政策的出口监管仓库，海关在货物入仓结关后予以办理出口货物退税证明手续。

对不享受入仓即予退税政策的出口监管仓库，海关在货物实际离境后办理出口货物退税证明手续。

第二十四条　出口监管仓库与海关特殊监管区域、其他保税监管场所之间的货物流转应当符合海关监管要求并按照规定办理相关手续。

货物流转涉及出口退税的，按照国家有关规定办理。

第二十五条　存入出口监管仓库的出口货物，按照国家规定应当提交许可证件或者缴纳出口关税的，发货人或者其代理人应当取得许可证件或者缴纳税款。海关对有关许可证件电子数据进行系统自动比对验核。

第二十六条　出口货物存入出口监管仓库时，发货人或者其代理人应当按照规定办理海关手续。

海关对报关入仓货物的品种、数量、金额等进行审核、核注和登记。

经主管海关批准，对批量少、批次频繁的入仓货物，可以办理集中报关手续。

第二十七条　出仓货物出口时，仓库经营企业或者其代理人应当按照规定办理海关手续。

第二十八条　出口监管仓库货物转进口的，应当经海关批准，按照进口货物有关规定办理相关手续。

出口监管仓库货物已经办结转进口手续的，应当在海关规定时限内提离出口监管仓库。特殊情况下，经海关同意可以延期提离。

第二十九条 对已存入出口监管仓库因质量等原因要求更换的货物，经仓库所在地主管海关批准，可以更换货物。被更换货物出仓前，更换货物应当先行入仓，并应当与原货物的商品编码、品名、规格型号、数量和价值相同。

第三十条 出口监管仓库货物，因特殊原因确需退运、退仓，应当经海关批准，并按照有关规定办理相关手续。

第五章　法律责任

第三十一条 出口监管仓库所存货物在存储期间发生损毁或者灭失的，除不可抗力外，仓库应当依法向海关缴纳损毁、灭失货物的税款，并承担相应的法律责任。

第三十二条 企业以隐瞒真实情况、提供虚假资料等不正当手段取得设立出口监管仓库行政许可的，由海关依法予以撤销。

第三十三条 出口监管仓库经营企业有下列行为之一的，海关责令其改正，可以给予警告，或者处1万元以下的罚款；有违法所得的，处违法所得3倍以下的罚款，但最高不得超过3万元：

（一）擅自在出口监管仓库存放本办法第七条规定范围之外的其他货物的；

（二）出口监管仓库货物管理混乱，账目不清的；

（三）违反本办法第十四条规定的；

（四）未按照本办法第十九条的规定办理海关手续的。

第三十四条 收发货人未在规定时限内将已经办结转进口手续的出口监管仓库货物提离出口监管仓库的，海关责令其改正，可以给予警告，或者处1万元以下的罚款。

第三十五条 违反本办法的其他违法行为，由海关依照《中华人民共和国海关法》《中华人民共和国海关行政处罚实施条例》予以处理。构成犯罪的，依法追究刑事责任。

第六章 附 则

第三十六条 出口监管仓库经营企业应当为海关提供办公场所和必要的办公条件。

第三十七条 本办法所规定的文书由海关总署另行制定并且发布。

第三十八条 海关对出口监管仓库依法实施监管不影响地方政府和其他部门依法履行其相应职责。

第三十九条 本办法由海关总署负责解释。

第四十条 本办法自2006年1月1日起施行。1992年5月1日起实施的《中华人民共和国海关对出口监管仓库的暂行管理办法》同时废止。

中华人民共和国海关进出口货物申报管理规定

（2003年9月18日海关总署令第103号发布　根据2010年11月26日海关总署令第198号《海关总署关于修改部分规章的决定》第一次修正　根据2014年3月13日海关总署令第218号《海关总署关于修改部分规章的决定》第二次修正　根据2017年12月20日海关总署令第235号公布的《海关总署关于修改部分规章的决定》第三次修正　根据2018年4月28日海关总署令第238号《海关总署关于修改部分规章的决定》第四次修正　根据2018年5月29日海关总署令第240号《海关总署关于修改部分规章的决定》第五次修正　根据2018年11月23日海关总署令第243号《海关总署关于修改部分规章的决定》第六次修正）

第一章　总　则

第一条　为了规范进出口货物的申报行为，依据《中华人民共和国海关法》（以下简称《海关法》）及国家进出口管理的有关法律、行政法规，制定本规定。

第二条　本规定中的"申报"是指进出口货物的收发货人、受委托的报关企业，依照《海关法》以及有关法律、行政法规和规章的要求，在规定的期限、地点，采用电子数据报关单或者纸质报关单形式，向海关报告实际进出口货物的情况，并且接受海关审核的行为。

第三条 除另有规定外，进出口货物的收发货人或者其委托的报关企业向海关办理各类进出口货物的申报手续，均适用本规定。

第四条 进出口货物的收发货人，可以自行向海关申报，也可以委托报关企业向海关申报。

向海关办理申报手续的进出口货物的收发货人、受委托的报关企业应当预先在海关依法办理登记注册。

第五条 申报采用电子数据报关单申报形式或者纸质报关单申报形式。电子数据报关单和纸质报关单均具有法律效力。

电子数据报关单申报形式是指进出口货物的收发货人、受委托的报关企业通过计算机系统按照《中华人民共和国海关进出口货物报关单填制规范》的要求向海关传送报关单电子数据并且备齐随附单证的申报方式。

纸质报关单申报形式是指进出口货物的收发货人、受委托的报关企业，按照海关的规定填制纸质报关单，备齐随附单证，向海关当面递交的申报方式。

进出口货物的收发货人、受委托的报关企业应当以电子数据报关单形式向海关申报，与随附单证一并递交的纸质报关单的内容应当与电子数据报关单一致；特殊情况下经海关同意，允许先采用纸质报关单形式申报，电子数据事后补报，补报的电子数据应当与纸质报关单内容一致。在向未使用海关信息化管理系统作业的海关申报时可以采用纸质报关单申报形式。

第六条 为进出口货物的收发货人、受委托的报关企业办理申报手续的人员，应当是在海关备案的报关人员。

第二章 申报要求

第七条 进出口货物的收发货人、受委托的报关企业应当依法如实向海关申报，对申报内容的真实性、准确性、完整性和规范性承担相应的法律责任。

第八条 进口货物的收货人、受委托的报关企业应当自运输工具申报进境之日起十四日内向海关申报。

进口转关运输货物的收货人、受委托的报关企业应当自运输工具申报进境之日起十四日内，向进境地海关办理转关运输手续，有关货物应当自运抵指运地之日起十四日内向指运地海关申报。

出口货物发货人、受委托的报关企业应当在货物运抵海关监管区后、装货的二十四小时以前向海关申报。

超过规定时限未向海关申报的，海关按照《中华人民共和国海关征收进口货物滞报金办法》征收滞报金。

第九条 本规定中的申报日期是指申报数据被海关接受的日期。不论以电子数据报关单方式申报或者以纸质报关单方式申报，海关以接受申报数据的日期为接受申报的日期。

以电子数据报关单方式申报的，申报日期为海关计算机系统接受申报数据时记录的日期，该日期将反馈给原数据发送单位，或者公布于海关业务现场，或者通过公共信息系统发布。

以纸质报关单方式申报的，申报日期为海关接受纸质报关单并且对报关单进行登记处理的日期。

第十条 电子数据报关单经过海关计算机检查被退回的，视为海关不接受申报，进出口货物收发货人、受委托的报关企业应当按照要求修改后重新申报，申报日期为海关接受重新申报的日期。

海关已接受申报的报关单电子数据，人工审核确认需要退回修改的，进出口货物收发货人、受委托的报关企业应当在10日内完成修改并且重新发送报关单电子数据，申报日期仍为海关接受原报关单电子数据的日期；超过10日的，原报关单无效，进出口货物收发货人、受委托的报关企业应当另行向海关申报，申报日期为海关再次接受申报的日期。

　　第十一条　进出口货物的收发货人以自己的名义，向海关申报的，报关单应当由进出口货物收发货人签名盖章，并且随附有关单证。

　　报关企业接受进出口货物的收发货人委托，以自己的名义或者以委托人的名义向海关申报的，应当向海关提交由委托人签署的授权委托书，并且按照委托书的授权范围办理有关海关手续。

　　第十二条　报关企业接受进出口货物收发货人委托办理报关手续的，应当与进出口货物收发货人签订有明确委托事项的委托协议，进出口货物收发货人应当向报关企业提供委托报关事项的真实情况。

　　报关企业接受进出口收发货人的委托，办理报关手续时，应当对委托人所提供情况的真实性、完整性进行合理审查，审查内容包括：

　　（一）证明进出口货物的实际情况的资料，包括进出口货物的品名、规格、用途、产地、贸易方式等；

　　（二）有关进出口货物的合同、发票、运输单据、装箱单等商业单据；

　　（三）进出口所需的许可证件及随附单证；

　　（四）海关总署规定的其他进出口单证。

　　报关企业未对进出口货物的收发货人提供情况的真实性、完整性履行合理审查义务或者违反海关规定申报的，应当承担相应的法律责任。

　　第十三条　进口货物的收货人，向海关申报前，因确定货物的品名、规格、型号、归类等原因，可以向海关提出查看货物或者提取货样的书面申请。海关审核同意的，派员到场实际监管。

　　查看货物或者提取货样时，海关开具取样记录和取样清单；提取货样的货物涉及动植物及产品以及其他须依法提供检疫证明的，应当在依法取得有关批准证明后提取。提取货样后，到场监管的海关关员与进口货物的收货人在取样记录和取样清单上签字确认。

第十四条 海关接受进出口货物的申报后，报关单证及其内容不得修改或者撤销；符合规定情形的，应当按照进出口货物报关单修改和撤销的相关规定办理。

第十五条 海关审核电子数据报关单时，需要进出口货物的收发货人、受委托的报关企业解释、说明情况或者补充材料的，收发货人、受委托的报关企业应当在接到海关通知后及时进行说明或者提供完备材料。

第十六条 海关审结电子数据报关单后，进出口货物的收发货人、受委托的报关企业应当自接到海关"现场交单"或者"放行交单"通知之日起10日内，持打印出的纸质报关单，备齐规定的随附单证并且签名盖章，到货物所在地海关递交书面单证并且办理相关海关手续。

确因节假日或者转关运输等其他特殊原因需要逾期向海关递交书面单证并且办理相关海关手续的，进出口货物的收发货人、受委托的报关企业应当事先向海关提出书面申请说明原因，经海关核准后在核准的期限内办理。其中，进出口货物收发货人自行报关的，由收发货人在申请书上签章；委托报关企业报关的，由报关企业和进出口货物收发货人双方共同在申请书上签章。

未在规定期限或者核准的期限内递交纸质报关单的，海关删除电子数据报关单，进出口货物的收发货人、受委托的报关企业应当重新申报。由此产生的滞报金按照《中华人民共和国海关征收进口货物滞报金办法》的规定办理。

现场交单审核时，进出口货物的收发货人、受委托的报关企业应当向海关递交与电子数据报关单内容一致的纸质报关单及随附单证。特殊情况下，个别内容不符的，经海关审核确认无违法情形的，由进出口货物收发货人、受委托的报关企业重新提供与报关单电子数据相符的随附单证或者提交有关说明的申请，电子数据报关单可以不予删除。其中，实际交验的进出口许可证件与申报内容不一致的，经海关认定无违反国家进出口贸易管制政策和海关有关规定的，可以重新向海关提交。

第十七条　企业可以通过计算机网络向海关进行联网实时申报。具体办法由海关总署另行制定。

第三章　特殊申报

第十八条　经海关批准，进出口货物的收发货人、受委托的报关企业可以在取得提（运）单或者载货清单（舱单）数据后，向海关提前申报。

在进出口货物的品名、规格、数量等已确定无误的情况下，经批准的企业可以在进口货物启运后、抵港前或者出口货物运入海关监管作业场所前3日内，提前向海关办理报关手续，并且按照海关的要求交验有关随附单证、进出口货物批准文件及其他需提供的证明文件。

验核提前申报的进出口货物许可证件有效期以海关接受申报之日为准。提前申报的进出口货物税率、汇率的适用，按照《中华人民共和国进出口关税条例》（以下简称《关税条例》）的有关规定办理。

第十九条　特殊情况下，经海关批准，进出口货物的收发货人、受委托的报关企业可以自装载货物的运输工具申报进境之日起1个月内向指定海关办理集中申报手续。

集中申报企业应当向海关提供有效担保，并且在每次货物进、出口时，按照要求向海关报告货物的进出口日期、运输工具名称、提（运）单号、税号、品名、规格型号、价格、原产地、数量、重量、收（发）货单位等海关监管所必需的信息，海关可以准许先予查验和提取货物。集中申报企业提取货物后，应当自装载货物的运输工具申报进境之日起1个月内向海关办理集中申报及征税、放行等海关手续。超过规定期限未向海关申报的，按照《中华人民共和国海关征收进口货物滞报金办法》征收滞报金。

集中申报采用向海关进行电子数据报关单申报的方式。

集中申报的进出口货物税率、汇率的适用，按照《关税条例》的有关规定办理。

第二十条　经电缆、管道、输送带或者其他特殊运输方式输送进出口的货物，经海关同意，可以定期向指定海关申报。

第二十一条　需要向海关申报知识产权状况的进出口货物，收发货人、受委托的报关企业应当按照海关要求向海关如实申报有关知识产权状况，并且提供能够证明申报内容真实的证明文件和相关单证。海关按规定实施保护措施。

第二十二条　海关对进出口货物申报价格、税则归类进行审查时，进出口货物的收发货人、受委托的报关企业应当按海关要求提交相关单证和材料。

第二十三条　需要进行补充申报的，进出口货物的收发货人、受委托的报关企业应当如实填写补充申报单，并且向海关递交。

第二十四条　转运、通运、过境货物及快件的申报规定，由海关总署另行制定。

第四章　申报单证

第二十五条　进出口货物的收发货人、受委托的报关企业应当取得国家实行进出口管理的许可证件，凭海关要求的有关单证办理报关纳税手续。海关对有关进出口许可证件电子数据进行系统自动比对验核。

前款规定的许可证件，海关与证件主管部门未实现联网核查，无法自动比对验核的，进出口货物收发货人、受委托的报关企业应当持有关许可证件办理海关手续。

第二十六条　向海关递交纸质报关单可以使用事先印制的规定格式报关单或者直接在A4型空白纸张上打印。

第二十七条　进、出口货物报关单应当随附的单证包括：

（一）合同；

（二）发票；

（三）装箱清单；

（四）载货清单（舱单）；

（五）提（运）单；

（六）代理报关授权委托协议；

（七）进出口许可证件；

（八）海关总署规定的其他进出口单证。

第二十八条　货物实际进出口前，海关已对该货物做出预归类决定的，进出口货物的收发货人、受委托的报关企业在货物实际进出口申报时应当向海关提交《预归类决定书》。

第五章　报关单证明联、核销联的签发和补签

第二十九条　根据国家外汇、税务、海关对加工贸易等管理的要求，进出口货物的收发货人、受委托的报关企业办结海关手续后，可以向海关申请签发下列报关单证明联：

（一）用于办理付汇的货物贸易外汇管理B类、C类企业进口货物报关单证明联；

（二）用于办理收汇的货物贸易外汇管理B类、C类企业出口货物报关单证明联；

（三）用于办理加工贸易核销的海关核销联。

海关签发报关单证明联应当在打印出的报关单证明联的右下角

规定处加盖已在有关部门备案的"验讫章"。

进出口货物的收发货人、受委托的报关企业在申领报关单证明联、海关核销联时，应当提供海关要求的有效证明。

第三十条 海关已签发的报关单证明联、核销联因遗失、损毁等特殊情况需要补签的，进出口货物的收发货人、受委托的报关企业应当自原证明联签发之日起1年内向海关提出书面申请，并且随附有关证明材料，海关审核同意后，可以予以补签。海关在证明联、核销联上注明"补签"字样。

第六章 附 则

第三十一条 保税区、出口加工区进出口的货物及进出保税区、出口加工区货物，加工贸易后续管理环节的内销、余料结转、深加工结转等，除另有规定外，按照本规定的规定在主管海关办理申报手续。

第三十二条 采用转关运输方式的进出口货物，按照《中华人民共和国海关关于转关货物的监管办法》办理申报手续。

第三十三条 进出口货物的收发货人、受委托的报关企业、报关员违反本规定的，依照《海关法》及《中华人民共和国海关行政处罚实施条例》等有关规定处罚。

第三十四条 本规定由海关总署负责解释。

第三十五条 本规定自2003年11月1日起施行。

关于调整部分进口化妆品申报要求的公告

（海关总署公告 2022 年第 51 号）

为了进一步规范进口化妆品申报工作，海关总署决定调整部分进口化妆品申报要求。现公告如下：

一、进口货物收货人及其代理人申报进口商品税目在 3303、3304 项下的化妆品时，应按以下规定填报报关单：

（一）化妆品的第一法定计量单位为"千克"，第二法定计量单位为"件"。

（二）包装标注含量以重量计的化妆品，按照净含量申报第一法定数量，即液体/乳状/膏状/粉状部分的重量；按照有独立包装的瓶/罐/支等数量申报第二法定数量。

（三）包装标注含量以体积计的化妆品，按照净含量 1 升 =1 千克的换算关系申报第一法定数量，即液体 / 乳状 / 膏状 / 粉状部分的体积；按照有独立包装的瓶 / 罐 / 支等数量申报第二法定数量。

（四）包装标注规格为"片"或"张"的化妆品，按照净含量申报第一法定数量，即液体/乳状/膏状/粉状部分的重量，净含量以体积标注的化妆品，按照净含量 1 升 =1 千克的换算关系申报；按照"片"或"张"的数量申报第二法定数量。

（五）其他包装标注规格的化妆品，参照本条第（二）项要求进行申报。

二、化妆品进口消费税政策仍按《财政部 国家税务总局关于调整化妆品进口环节消费税的通知》（财关税〔2016〕48号）执行。

本公告自发布之日起执行，海关总署公告2016年第55号同时废止。

特此公告。

海关总署

2022年6月20日

中华人民共和国海关进出口货物报关单修改和撤销管理办法

（2014年3月13日海关总署令第220号公布　根据2018年4月28日海关总署令第238号《海关总署关于修改部分规章的决定》第一次修正　根据2018年5月29日海关总署令第240号《海关总署关于修改部分规章的决定》第二次修正　根据2018年11月23日海关总署令第243号《海关总署关于修改部分规章的决定》第三次修正）

第一条　为了加强对进出口货物报关单修改和撤销的管理，规范进出口货物收发货人或者其代理人的申报行为，保护其合法权益，根据《中华人民共和国海关法》（以下简称《海关法》）制定本办法。

第二条　进出口货物收发货人或者其代理人（以下统称当事人）修改或者撤销进出口货物报关单，以及海关要求对进出口货物报关单进行修改或者撤销的，适用本办法。

第三条　海关接受进出口货物申报后，报关单证及其内容不得修改或者撤销；符合规定情形的，可以修改或者撤销。

第四条　进出口货物报关单的修改或者撤销，应当遵循修改优先原则；确实不能修改的，予以撤销。

第五条　有以下情形之一的，当事人可以向原接受申报的海关办理进出口货物报关单修改或者撤销手续，海关另有规定的除外：

（一）出口货物放行后，由于装运、配载等原因造成原申报货物部分或者全部退关、变更运输工具的；

（二）进出口货物在装载、运输、存储过程中发生溢短装，或者由于不可抗力造成灭失、短损等，导致原申报数据与实际货物不符的；

（三）由于办理退补税、海关事务担保等其他海关手续而需要修改或者撤销报关单数据的；

（四）根据贸易惯例先行采用暂时价格成交、实际结算时按商检品质认定或者国际市场实际价格付款方式需要修改申报内容的；

（五）已申报进口货物办理直接退运手续，需要修改或者撤销原进口货物报关单的；

（六）由于计算机、网络系统等技术原因导致电子数据申报错误的。

第六条 符合本办法第五条规定的，当事人应当向海关提交《进出口货物报关单修改/撤销表》和下列材料：

（一）符合第五条第（一）项情形的，应当提交退关、变更运输工具证明材料；

（二）符合第五条第（二）项情形的，应当提交相关部门出具的证明材料；

（三）符合第五条第（三）项情形的，应当提交签注海关意见的相关材料；

（四）符合第五条第（四）项情形的，应当提交全面反映贸易实际状况的发票、合同、提单、装箱单等单证，并如实提供与货物买卖有关的支付凭证以及证明申报价格真实、准确的其他商业单证、书面资料；

（五）符合第五条第（五）项情形，当事人将全部或者部分货物直接退运境外的，应当提交《进口货物直接退运表》；

（六）符合第五条第（六）项情形的，应当提交计算机、网络系统运行管理方出具的说明材料。

当事人向海关提交材料符合本条第一款规定，并且齐全、有效的，海关应当及时进行修改或者撤销。

第七条 由于报关人员操作或者书写失误造成申报内容需要修改或者撤销的，当事人应当向海关提交《进出口货物报关单修改/撤销表》和下列材料：

（一）可以反映进出口货物实际情况的合同、发票、装箱单、提运单或者载货清单等相关单证；

（二）详细情况说明以及相关证明材料。

海关未发现报关人员存在逃避海关监管行为的，可以修改或者撤销报关单。不予修改或者撤销的，海关应当及时通知当事人，并且说明理由。

第八条 海关发现进出口货物报关单需要修改或者撤销，可以采取以下方式主动要求当事人修改或者撤销：

（一）将电子数据报关单退回，并详细说明修改的原因和要求，当事人应当按照海关要求进行修改后重新提交，不得对报关单其他内容进行变更；

（二）向当事人制发《进出口货物报关单修改/撤销确认书》，通知当事人要求修改或者撤销的内容，当事人应当在5日内对进出口货物报关单修改或者撤销的内容进行确认，确认后海关完成对报关单的修改或者撤销。

第九条 除不可抗力外，当事人有以下情形之一的，海关可以直接撤销相应的电子数据报关单：

（一）海关将电子数据报关单退回修改，当事人未在规定期限内重新发送的；

（二）海关审结电子数据报关单后，当事人未在规定期限内递交纸质报关单的；

（三）出口货物申报后未在规定期限内运抵海关监管场所的；

（四）海关总署规定的其他情形。

第十条 海关已经决定布控、查验以及涉嫌走私或者违反海关监管规定的进出口货物，在办结相关手续前不得修改或者撤销报关单及其电子数据。

第十一条 已签发报关单证明联的进出口货物，当事人办理报关单修改或者撤销手续时应当向海关交回报关单证明联。

第十二条 由于修改或者撤销进出口货物报关单导致需要变更、补办进出口许可证件的，当事人应当取得相应的进出口许可证件。海关对相应进出口许可证件电子数据进行系统自动比对验核。

第十三条 进出境备案清单的修改、撤销，参照本办法执行。

第十四条 违反本办法，构成走私行为、违反海关监管规定行为或者其他违反《海关法》行为的，由海关依照《海关法》和《中华人民共和国海关行政处罚实施条例》的有关规定予以处理；构成犯罪的，依法追究刑事责任。

第十五条 本办法由海关总署负责解释。

第十六条 本办法自公布之日起施行。2005年12月30日以海关总署令第143号公布的《中华人民共和国海关进出口货物报关单修改和撤销管理办法》同时废止。

关于调整内外贸集装箱同船运输以及国际航行船舶沿海捎带业务有关事项的公告

（海关总署公告 2022 年第 12 号）

为进一步提升我国港口综合竞争能力，规范和便利内外贸集装箱同船运输以及国际航行船舶沿海捎带业务，根据交通运输部公告2014年第33号（交通运输部关于取消内外贸同船运输以及中国籍国际航行船舶承运转关运输货物备案事项的公告）、交通运输部公告2015年第24号（交通运输部关于在国家自由贸易试验区试点若干海运政策的公告）、交通运输部公告2021年第72号（交通运输部关于开展境外国际集装箱班轮公司非五星旗国际航行船舶沿海捎带业务试点的公告）等文件的规定，海关总署决定调整内外贸集装箱同船运输以及国际航行船舶沿海捎带业务有关事项。现公告如下：

一、关于内外贸集装箱同船运输业务

（一）航运公司拟开展内外贸集装箱同船运输业务的，应当参照海关对承运海关监管货物运输工具监管的相关要求，向主管地直属海关办理船舶备案手续。

（二）同船运输集装箱箱体应当符合《中华人民共和国海关对用于装载海关监管货物的集装箱和集装箱式货车车厢的监管办法》（海关总署令第110号公布，根据海关总署令第198号、第240号修改）的标准。

二、关于国际航行船舶沿海捎带业务

（一）航运公司拟开展国际航行船舶沿海捎带业务的，应当参照海关对承运海关监管货物运输工具监管的相关要求，向业务经营地直属海关办理船舶备案手续。

（二）拟开展国际航行船舶沿海捎带业务的国际航行船舶为中资航运公司全资或控股拥有非中国籍国际航行船舶的，应当获得交通运输部核发的《中资非五星旗国际航行船舶试点沿海捎带业务备案证明书》后，方可办理备案手续。

（三）拟开展国际航行船舶沿海捎带业务的国际航行船舶为外国、香港特别行政区、澳门特别行政区国际集装箱班轮公司全资或控股拥有非五星旗国际航行船舶的，应当获得交通运输部核发的《境外国际集装箱班轮公司开展非五星旗船舶沿海捎带业务试点批准书》后，方可办理备案手续。

（四）国际航行船舶开展国际航行船舶沿海捎带业务时，应当在符合交通运输部限定的关于航线、货物、可开展业务的时限等范围内，根据海关转关业务的规定办理相关手续。航运公司不得将备案船舶转租他人。

本公告自发布之日起执行，海关总署公告2014年第44号同时废止。

特此公告。

海关总署
2022年1月28日

中华人民共和国海关进出境印刷品及音像制品监管办法

（2007年4月18日海关总署令第161号公布　根据2018年5月29日海关总署令第240号《海关总署关于修改部分规章的决定》第一次修正　根据2018年11月23日海关总署令第243号《海关总署关于修改部分规章的决定》第二次修正）

第一条　为了规范海关对进出境印刷品及音像制品的监管，根据《中华人民共和国海关法》（以下简称《海关法》）及其他有关法律、行政法规的规定，制定本办法。

第二条　本办法适用于海关对运输、携带、邮寄进出境的印刷品及音像制品的监管。

进出境摄影底片、纸型、绘画、剪贴、手稿、手抄本、复印件及其他含有文字、图像、符号等内容的货物、物品的，海关按照本办法有关进出境印刷品的监管规定进行监管。

进出境载有图文声像信息的磁、光、电存储介质的，海关按照本办法有关进出境音像制品的监管规定进行监管。

第三条　进出境印刷品及音像制品的收发货人、所有人及其代理人，应当依法如实向海关申报，并且接受海关监管。

第四条　载有下列内容之一的印刷品及音像制品，禁止进境：

（一）反对宪法确定的基本原则的；

（二）危害国家统一、主权和领土完整的；

（三）危害国家安全或者损害国家荣誉和利益的；

（四）攻击中国共产党，诋毁中华人民共和国政府的；

（五）煽动民族仇恨、民族歧视，破坏民族团结，或者侵害民族风俗、习惯的；

（六）宣扬邪教、迷信的；

（七）扰乱社会秩序，破坏社会稳定的；

（八）宣扬淫秽、赌博、暴力或者教唆犯罪的；

（九）侮辱或者诽谤他人，侵害他人合法权益的；

（十）危害社会公德或者民族优秀文化传统的；

（十一）国家主管部门认定禁止进境的；

（十二）法律、行政法规和国家规定禁止的其他内容。

第五条 载有下列内容之一的印刷品及音像制品，禁止出境：

（一）本办法第四条所列内容；

（二）涉及国家秘密的；

（三）国家主管部门认定禁止出境的。

第六条 印刷品及音像制品进出境，海关难以确定是否载有本办法第四条、第五条规定内容的，依据国务院有关行政主管部门或者其指定的专门机构的审查、鉴定结论予以处理。

第七条 个人自用进境印刷品及音像制品在下列规定数量以内的，海关予以免税验放：

（一）单行本发行的图书、报纸、期刊类出版物，每人每次10册（份）以下；

（二）单碟（盘）发行的音像制品，每人每次20盘以下；

（三）成套发行的图书类出版物，每人每次3套以下；

（四）成套发行的音像制品，每人每次3套以下。

第八条 超出本办法第七条规定的数量，但是仍在合理数量以内的个人自用进境印刷品及音像制品，不属于本办法第九条规定情形的，海关应当按照《中华人民共和国进出口关税条例》有关进境物品进口税的征收规定对超出规定数量的部分予以征税放行。

第九条　有下列情形之一的，海关对全部进境印刷品及音像制品按照进口货物依法办理相关手续：

（一）个人携带、邮寄单行本发行的图书、报纸、期刊类出版物进境，每人每次超过50册（份）的；

（二）个人携带、邮寄单碟（盘）发行的音像制品进境，每人每次超过100盘的；

（三）个人携带、邮寄成套发行的图书类出版物进境，每人每次超过10套的；

（四）个人携带、邮寄成套发行的音像制品进境，每人每次超过10套的；

（五）其他构成货物特征的。

有前款所列情形的，进境印刷品及音像制品的收发货人、所有人及其代理人可以依法申请退运其进境印刷品及音像制品。

第十条　个人携带、邮寄进境的宗教类印刷品及音像制品在自用、合理数量范围内的，准予进境。

超出个人自用、合理数量进境或者以其他方式进口的宗教类印刷品及音像制品，海关凭国家宗教事务局、其委托的省级政府宗教事务管理部门或者国务院其他行政主管部门出具的证明予以征税验放。无相关证明的，海关按照《中华人民共和国海关行政处罚实施条例》（以下简称《实施条例》）的有关规定予以处理。

散发性宗教类印刷品及音像制品，禁止进境。

第十一条　印刷品及音像制品的进口业务，由国务院有关行政主管部门批准或者指定经营。未经批准或者指定，任何单位或者个人不得经营印刷品及音像制品进口业务。

其他单位或者个人进口印刷品及音像制品，应当委托国务院相关行政主管部门指定的进口经营单位向海关办理进口手续。

第十二条　除国家另有规定外，进口报纸、期刊、图书类印刷品，经营单位应当凭国家新闻出版主管部门的进口批准文件、目录清单、有关报关单证以及其他需要提供的文件向海关办理进口手续。

第十三条 进口音像制品成品或者用于出版的音像制品母带（盘）、样带（盘），经营单位应当持《中华人民共和国文化部进口音像制品批准单》（以下简称《批准单》）、有关报关单证及其他需要提供的文件向海关办理进口手续。

第十四条 非经营音像制品性质的单位进口用于本单位宣传、培训及广告等目的的音像制品，应当按照海关的要求交验《批准单》、合同、有关报关单证及其他需要提供的文件；数量总计在200盘以下的，可以免领《批准单》。

第十五条 随机器设备同时进口，以及进口后随机器设备复出口的记录操作系统、设备说明、专用软件等内容的印刷品及音像制品进口时，进口单位应当按照海关的要求交验合同、发票、有关报关单证及其他需要提供的文件，但是可以免领《批准单》等批准文件。

第十六条 境外赠送进口的印刷品及音像制品，受赠单位应当向海关提交赠送方出具的赠送函和受赠单位的接受证明及有关清单。

接受境外赠送的印刷品超过100册或者音像制品超过200盘的，受赠单位除向海关提交上述单证外，还应当取得有关行政主管部门的批准文件。海关对有关行政主管部门的批准文件电子数据进行系统自动比对验核。

第十七条 出口印刷品及音像制品，相关单位应当依照有关法律、法规的规定，向海关办理出口手续。

第十八条 用于展览、展示的印刷品及音像制品进出境，主办或者参展单位应当按照国家有关规定向海关办理暂时进出境手续。

第十九条 运输、携带、邮寄国家禁止进出境的印刷品及音像制品进出境，如实向海关申报的，予以收缴，或者责令退回，或者在海关监管下予以销毁或者进行技术处理。

运输、携带、邮寄国家限制进出境的印刷品及音像制品进出境，如实向海关申报，但是不能提交许可证件的，予以退运。

第二十条 下列进出境印刷品及音像制品，由海关按照放弃货物、物品依法予以处理：

（一）收货人、货物所有人、进出境印刷品及音像制品所有人声明放弃的；

（二）在海关规定期限内未办理海关手续或者无人认领的；

（三）无法投递又无法退回的。

第二十一条 违反本办法，构成走私行为、违反海关监管规定行为或者其他违反《海关法》行为的，由海关依照《海关法》和《实施条例》的有关规定予以处理；构成犯罪的，依法追究刑事责任。

第二十二条 进入保税区、出口加工区及其他海关特殊监管区域和保税监管场所的印刷品及音像制品的通关手续，依照有关规定办理。

第二十三条 享有外交特权和豁免的外国驻中国使馆、领馆及人员，联合国及其专门机构以及其他与中国政府签有协议的国际组织驻中国代表机构及人员进出境印刷品及音像制品，依照有关规定办理。

第二十四条 各类境外企业或者组织在境内常设代表机构或者办事处（不包括外国人员子女学校）及各类非居民长期旅客、留学回国人员、短期多次往返旅客进出境公用或者自用印刷品及音像制品数量的核定和通关手续，依照有关规定办理。

第二十五条 本办法下列用语的含义：

印刷品，是指通过将图像或者文字原稿制为印版，在纸张或者其他常用材料上翻印的内容相同的复制品。

音像制品，是指载有内容的唱片、录音带、录像带、激光视盘、激光唱盘等。

散发性宗教类印刷品及音像制品，是指运输、携带、邮寄进境，不属于自用、合理数量范围并且具有明显传播特征，违反国家宗教事务法规及有关政策的印刷品及音像制品。

以下，包括本数在内。

第二十六条 本办法由海关总署负责解释。

第二十七条 本办法自2007年6月1日起施行。1991年6月11日海关总署令第21号发布的《中华人民共和国海关对个人携带和邮寄印刷品及音像制品进出境管理规定》同时废止。

中华人民共和国海关进出境运输工具监管办法

（2010年11月1日海关总署令第196号公布　根据2018年5月29日海关总署令第240号《海关总署关于修改部分规章的决定》修正）

第一章　总　则

第一条　为了规范海关对进出境运输工具的监管，保障进出境运输工具负责人和进出境运输工具服务企业的合法权益，根据《中华人民共和国海关法》，制定本办法。

第二条　本办法所称进出境运输工具是指用于载运人员、货物、物品进出境的各种船舶、航空器、铁路列车、公路车辆和驮畜。

第三条　海关对经营性进出境运输工具的监管适用本办法，对非经营性进出境运输工具的监管比照本办法管理。

第四条　除经国务院或者国务院授权的机关批准外，进出境运输工具应当通过设立海关的地点进境或者出境，在海关监管场所停靠、装卸货物、物品和上下人员。

由于不可抗力原因，进出境运输工具被迫在未设立海关的地点或者在非海关监管场所停靠、降落或者抛掷、起卸货物、物品以及上下人员的，进出境运输工具负责人应当立即报告附近海关。附近海关应当对运输工具及其所载的货物、物品实施监管。

第五条　进境运输工具在进境以后向海关申报以前，出境运输工具在办结海关手续以后出境以前，应当按照交通运输主管机关规定的路线行进；交通运输主管机关没有规定的，由海关指定。

进境运输工具在进境申报以后出境以前，应当按照海关认可的路线行进。

第六条 进出境运输工具到达或者驶离设立海关的地点时，进出境运输工具负责人应当采用申报单形式向海关申报。

第七条 进境的境外运输工具和出境的境内运输工具，未向海关办理手续并缴纳关税，不得转让或者移作他用。

运输工具作为货物以租赁或其他贸易方式进出口的，除按照本办法办理进出境运输工具进境或者出境手续外，还应当按照有关规定办理进出境运输工具进出口报关手续。

第二章　备案管理

第八条 进出境运输工具、进出境运输工具负责人和进出境运输工具服务企业应当在经营业务所在地的直属海关或者经直属海关授权的隶属海关备案。

海关对进出境运输工具、进出境运输工具负责人以及进出境运输工具服务企业的备案实行全国海关联网管理。

第九条 进出境运输工具、进出境运输工具负责人和进出境运输工具服务企业在海关办理备案的，应当按不同运输方式分别提交《进出境国际航行船舶备案表》《进出境航空器备案表》《进出境铁路列车备案表》《进出境公路车辆备案表》《运输工具负责人备案表》《运输工具服务企业备案表》，并同时提交上述备案表随附单证栏中列明的材料。

运输工具服务企业相关管理办法，由海关总署另行制定。

第十条 《运输工具备案表》《运输工具负责人备案表》和《运输工具服务企业备案表》的内容发生变更的，进出境运输工具负责人、进出境运输工具服务企业应当在海关规定的时限内凭《备案变更表》和有关文件向备案海关办理备案变更手续。

进出境运输工具负责人、进出境运输工具服务企业可以主动申请撤销备案，海关也可以依法撤销备案。

第十一条　海关对在海关备案的进出境运输工具服务企业和进出境运输工具所有企业、经营企业实施分类管理，具体办法由海关总署另行制定。

第三章　运输工具管理

第一节　进境监管

第十二条　进境运输工具负责人应当在规定时限将运输工具预计抵达境内目的港和预计抵达时间以电子数据形式通知海关。

因客观条件限制，经海关批准，公路车辆负责人可以采用电话、传真等方式通知海关。

进境运输工具抵达设立海关的地点以前，运输工具负责人应当将进境时间、抵达目的港的时间和停靠位置通知海关。

第十三条　进境运输工具抵达设立海关的地点时，运输工具负责人应当按不同运输方式向海关申报，分别提交《中华人民共和国海关船舶进境（港）申报单》《中华人民共和国海关航空器进境（港）申报单》《中华人民共和国海关铁路列车进境申报单》《中华人民共和国海关公路车辆进境（港）申报单》，以及上述申报单中列明应当交验的其他单证。

进境运输工具负责人也可以在运输工具进境前提前向海关办理申报手续。

第十四条　进境运输工具抵达监管场所时，监管场所经营人应当通知海关。

第十五条　海关接受进境运输工具申报时，应当审核申报单证。

进境运输工具在向海关申报以前，未经海关同意，不得装卸货物、物品，除引航员、口岸检查机关工作人员外不得上下人员。

第二节　停留监管

第十六条　进出境运输工具到达设立海关的地点时，应当接受海关监管和检查。

海关检查进出境运输工具时，运输工具负责人应当到场，并根据海关的要求开启舱室、房间、车门；有走私嫌疑的，并应当开拆可能藏匿走私货物、物品的部位，搬移货物、物料。

海关认为必要时，可以要求进出境运输工具工作人员进行集中，配合海关实施检查。

海关检查完毕后，应当按规定制作《检查记录》。

第十七条　海关认为必要的，可以派员对进出境运输工具值守，进出境运输工具负责人应当为海关人员提供方便。

海关派员对进出境运输工具值守的，进出境运输工具装卸货物、物品以及上下人员应当征得值守海关人员同意。

第十八条　进出境运输工具负责人应当在进出境运输工具装卸货物的1小时以前通知海关；航程或者路程不足1小时的，可以在装卸货物以前通知海关。

海关可以对进出境运输工具装卸货物实施监装监卸。

进出境运输工具装卸货物、物品完毕后，进出境运输工具负责人应当向海关递交反映实际装卸情况的交接单据和记录。

第十九条　进出境运输工具在海关监管场所停靠期间更换停靠地点的，进出境运输工具负责人应当事先通知海关。

第三节　境内续驶监管

第二十条　进出境运输工具在境内从一个设立海关的地点驶往

另一个设立海关的地点的，进出境运输工具负责人应当按照本章第四节的有关规定办理驶离手续。

第二十一条 进出境运输工具在境内从一个设立海关的地点驶往另一个设立海关的地点的，应当符合海关监管要求，驶离地海关应当制发关封。进出境运输工具负责人应当妥善保管关封，抵达另一设立海关的地点时提交目的地海关。

未经驶离地海关同意，进出境运输工具不得改驶其他目的地；未办结海关手续的，不得改驶境外。

第二十二条 进出境运输工具在境内从一个设立海关的地点驶往另一个设立海关的地点时，海关可以派员随运输工具实施监管，进出境运输工具负责人应当为海关人员提供方便。

第二十三条 进出境运输工具在境内从一个设立海关的地点驶往另一个设立海关的地点抵达目的地以后，应当按照本章第一节的有关规定办理抵达手续。

第四节 出境监管

第二十四条 出境运输工具离开设立海关的地点驶往境外的2小时以前，运输工具负责人应当将驶离时间以电子数据形式通知海关。对临时出境的运输工具，运输工具负责人可以在其驶离设立海关的地点以前将驶离时间通知海关。

因客观条件限制，经海关批准，公路车辆负责人可以在车辆出境前采用电话、传真等方式通知海关。

第二十五条 运输工具出境时，运输工具负责人应当按不同运输方式向海关申报，分别提交《中华人民共和国海关船舶出境（港）申报单》《中华人民共和国海关航空器出境（港）申报单》《中华人民共和国海关铁路列车出境申报单》《中华人民共和国海关公路车辆出境（港）申报单》，以及上述申报单中列明应当交验的其他单证。

第二十六条 出境运输工具负责人在货物、物品装载完毕或者旅客全部登机（船、车）以后，应当向海关提交结关申请。海关审核无误的，制发《结关通知书》。

海关制发《结关通知书》以后，非经海关同意，出境运输工具不得装卸货物、上下旅客。

第二十七条 出境运输工具驶离海关监管场所时，监管场所经营人应当通知海关。

第二十八条 进出境运输工具在办结海关出境或者续驶手续后的24小时未能驶离的，运输工具负责人应当重新办理有关手续。

第四章 物料管理

第二十九条 经运输工具负责人申请，海关核准后，进出境运输工具可以添加、起卸、调拨下列物料：

（一）保障进出境运输工具行驶、航行的轻油、重油等燃料；

（二）供应进出境运输工具工作人员和旅客的日常生活用品、食品；

（三）保障进出境运输工具及所载货物运输安全的备件、垫舱物料和加固、苫盖用的绳索、篷布、苫网等；

（四）海关核准的其他物品。

第三十条 进出境运输工具需要添加、起卸物料的，物料添加单位或者接受物料起卸单位应当向海关申报，并提交以下单证：

（一）《中华人民共和国海关运输工具起卸/添加物料申报单》；

（二）添加、起卸物料明细单以及合同、发票等相关单证。

境外运输工具在我国境内添加、起卸物料的，应当列入海关统计。

第三十一条 进出境运输工具之间调拨物料的，接受物料的进出境运输工具负责人应当在物料调拨完毕后向海关提交运输工具物料调拨清单。

第三十二条　进出境运输工具添加、起卸、调拨物料的，应当接受海关监管。

第三十三条　进出境运输工具添加、起卸、调拨的物料，运输工具负责人免予提交许可证件，海关予以免税放行；添加、起卸国家限制进出境或者涉及国计民生的物料超出自用合理数量范围的，应当按照进出口货物的有关规定办理海关手续。

第三十四条　除下列情况外，进出境运输工具使用过的废弃物料应当复运出境：

（一）运输工具负责人声明废弃的物料属于《自动进口类可用作原料的废物目录》和《限制进口类可用作原料的废物目录》列明，且接收单位已经办理进口手续的。

（二）不属于《自动进口类可用作原料的废物目录》和《限制进口类可用作原料废物目录》目录范围内的供应物料，以及进出境运输工具产生的清舱污油水、垃圾等，且运输工具负责人或者接受单位能够自卸下进出境运输工具之日起30天内依法作无害化处理的。

前款第（一）、（二）项所列物项未办理合法手续或未在规定时限内依法作无害化处理的，海关可以责令退运。

第三十五条　进出境运输工具负责人应当将进口货物全部交付收货人。经海关核准，同时符合下列条件的扫舱地脚，可以免税放行：

（一）进口货物为散装货物；

（二）进口货物的收货人确认运输工具已经卸空；

（三）数量不足1吨，且不足进口货物重量的0.1%。

前款规定的扫舱地脚涉及许可证件管理的，进出境运输工具负责人免于提交许可证件。

第五章　运输工具工作人员携带物品管理

第三十六条　进出境运输工具工作人员携带物品进出境的，应当向海关申报并接受海关监管。

第三十七条　进出境运输工具工作人员携带的物品，应当以服务期间必需和自用合理数量为限。

运输工具工作人员不得为其他人员托带物品进境或者出境。

第三十八条　进出境运输工具工作人员需携带物品进入境内使用的，应当向海关办理手续，海关按照有关规定验放。

第六章　附　则

第三十九条　违反本办法，构成走私行为、违反海关监管规定行为或者其他违反海关法行为的，由海关依照《海关法》和《中华人民共和国海关行政处罚实施条例》的有关规定予以处理；构成犯罪的，依法追究刑事责任。

第四十条　本办法下列用语的含义是：

运输工具负责人，是指进出境运输工具的所有企业、经营企业、船长、机长、汽车驾驶员、列车长，以及上述企业或者人员授权的代理人。

运输工具服务企业，是指为进出境运输工具提供本办法第二十九条规定的物料或者接受运输工具（包括工作人员及所载旅客）消耗产生的废、旧物品的企业。

扫舱地脚，是指经进口货物收货人确认进出境运输工具已经卸空，但因装卸技术等原因装卸完毕后，清扫进出境运输工具剩余的进口货物。

运输工具工作人员，是指在进出境运输工具上从事驾驶、服务，且具有相关资格证书的人员以及实习生。

　　第四十一条　经海关总署批准只使用运输工具电子数据通关的，申报单位应当将纸质单证至少保存3年。

　　第四十二条　海关对驮畜的监管办法另行制定。海关对来往香港、澳门小型船舶和公路车辆的监管，另按照有关规定执行。

　　第四十三条　本办法所列文书格式由海关总署另行制定公告。

　　第四十四条　本办法由海关总署负责解释。

　　第四十五条　本办法自2011年1月1日起施行。1974年9月10日外贸部"〔1974〕贸关货233号"发布的《中华人民共和国海关对国际民航机监管办法》、1990年3月15日海关总署令第11号发布的《中华人民共和国海关对国际铁路联运进出境列车和所载货物、物品监管办法》、1991年8月23日海关总署令第24号发布的《中华人民共和国海关对进出境国际航行船舶及其所载货物、物品监管办法》同时废止。

中华人民共和国海关关于超期未报关进口货物、误卸或者溢卸的进境货物和放弃进口货物的处理办法

（2001年12月20日海关总署令第91号发布　根据2010年11月26日海关总署令第198号《海关总署关于修改部分规章的决定》第一次修正　根据2014年3月13日海关总署令第218号《海关总署关于修改部分规章的决定》第二次修正　根据2018年4月28日海关总署令第238号《海关总署关于修改部分规章的决定》第三次修正　根据2018年11月23日海关总署令第243号《海关总署关于修改部分规章的决定》第四次修正　根据2023年3月9日海关总署令第262号《海关总署关于修改部分规章的决定》第五次修正）

第一条　为了加强对超期未报关进口货物、误卸或者溢卸的进境货物和放弃进口货物的处理，根据《中华人民共和国海关法》的规定，制定本办法。

第二条　进口货物的收货人应当自运输工具申报进境之日起十四日内向海关申报。进口货物的收货人超过上述规定期限向海关申报的，由海关按照《中华人民共和国海关征收进口货物滞报金办法》的规定，征收滞报金；超过三个月未向海关申报的，其进口货物由海关提取依法变卖处理。

第三条　由进境运输工具载运进境并且因故卸至海关监管区或者其他经海关批准的场所，未列入进口载货清单、运单向海关申报

进境的误卸或者溢卸的进境货物，经海关审定确实的，由载运该货物的原运输工具负责人，自该运输工具卸货之日起三个月内，向海关办理直接退运出境手续；或者由该货物的收发货人，自该运输工具卸货之日起三个月内，向海关办理退运或者申报进口手续。

前款所列货物，经载运该货物的原运输工具负责人，或者该货物的收发货人申请，海关批准，可以延期三个月办理退运出境或者申报进口手续。

本条第一款所列货物，超过前两款规定的期限，未向海关办理退运出境或者申报进口手续的，由海关提取依法变卖处理。

第四条　进口货物的收货人或者其所有人声明放弃的进口货物，由海关提取依法变卖处理。

国家禁止或者限制进口的废物、对环境造成污染的货物不得声明放弃。除符合国家规定，并且办理申报进口手续，准予进口的外，由海关责令货物的收货人或者其所有人、载运该货物进境的运输工具负责人退运出境；无法退运的，由海关责令其在海关和有关主管部门监督下予以销毁或者进行其他妥善处理，销毁和处理的费用由收货人承担，收货人无法确认的，由相关运输工具负责人及承运人承担；违反国家有关法律法规的，由海关依法予以处罚，构成犯罪的，依法追究刑事责任。

第五条　保税货物、暂时进口货物超过规定的期限三个月，未向海关办理复运出境或者其他海关有关手续的；过境、转运和通运货物超过规定的期限三个月，未运输出境的，按照本办法第二条的规定处理。

第六条　超期未报关进口货物、误卸或者溢卸的进境货物和放弃进口货物属于海关实施检验检疫的进出境商品目录范围的，海关应当在变卖前进行检验、检疫，检验、检疫的费用与其他变卖处理实际支出的费用从变卖款中支付。

第七条 按照本办法第二条、第三条、第五条规定由海关提取依法变卖处理的超期未报、误卸或者溢卸等货物的所得价款，在优先拨付变卖处理实际支出的费用后，按照下列顺序扣除相关费用和税款：

（一）运输、装卸、储存等费用；

（二）进口关税；

（三）进口环节海关代征税；

（四）滞报金。

所得价款不足以支付同一顺序的相关费用的，按照比例支付。

扣除上述第（二）项进口关税的完税价格按照下列公式计算：

$$完税价格 = \frac{变卖所得价款-变卖费用-运输费}{1+关税率+增值税率+关税率 \times 增值税率} \div (1-消费税率)$$

实行从量、复合或者其他方式计征税款的货物，按照有关征税的规定计算和扣除税款。

按照本条第一款规定扣除相关费用和税款后，尚有余款的，自货物依法变卖之日起一年内，经进口货物收货人申请，予以发还。其中属于国家限制进口的，应当提交许可证件而不能提供的，不予发还；不符合进口货物收货人资格、不能证明对进口货物享有权利的，申请不予受理。逾期无进口货物收货人申请、申请不予受理或者不予发还的，余款上缴国库。

第八条 按照本办法第四条规定由海关提取依法变卖处理的放弃进口货物的所得价款，优先拨付变卖处理实际支出的费用后，再扣除运输、装卸、储存等费用。

所得价款不足以支付上述运输、装卸、储存等费用的，按比例支付。

按照本条第一款规定扣除相关费用后尚有余款的，上缴国库。

第九条　按照本办法第七条规定申请发还余款的，申请人应当提供证明其为该进口货物收货人的相关资料。经海关审核同意后，申请人应当按照海关对进口货物的申报规定，取得有关进口许可证件，凭有关单证补办进口申报手续。海关对有关进口许可证件电子数据进行系统自动比对验核。申报时没有有效进口许可证件的，由海关按照《中华人民共和国海关行政处罚实施条例》的规定处理。

第十条　进口货物的收货人自运输工具申报进境之日起三个月后、海关决定提取依法变卖处理前申请退运或者进口超期未报进口货物的，应当经海关审核同意，并按照有关规定向海关申报。申报进口的，应当按照《中华人民共和国海关征收进口货物滞报金办法》的规定，缴纳滞报金（滞报期间的计算，自运输工具申报进境之日的第15日起至货物申报进口之日止）。

第十一条　本办法第二条、第三条、第五条所列货物属于危险品或者鲜活、易腐、易烂、易失效、易变质、易贬值等不宜长期保存的货物的，海关可以根据实际情况，提前提取依法变卖处理。所得价款按照本办法第七条、第九条的规定办理。

第十二条　"进口货物收货人"，指经对外经济贸易主管部门登记或者核准有货物进口经营资格，并向海关办理报关单位备案的中华人民共和国关境内法人、其他组织或者个人。

第十三条　进出境物品所有人声明放弃的物品，在海关规定期限内未办海关手续或者无人认领的物品，以及无法投递又无法退回的进境邮递物品，由海关按照本办法第二条、第四条等有关规定处理。

第十四条　本办法由海关总署解释。

第十五条　本办法自2001年12月20日起实施。

中华人民共和国海关进出口货物查验管理办法

（2005年12月28日海关总署令第138号公布 根据2010年11月26日海关总署令第198号《海关总署关于修改部分规章的决定》修正）

第一条 为了规范海关对进出口货物的查验，依法核实进出口货物的状况，根据《中华人民共和国海关法》以及其他有关法律、行政法规的规定，制定本办法。

第二条 本办法所称进出口货物查验（以下简称查验），是指海关为确定进出口货物收发货人向海关申报的内容是否与进出口货物的真实情况相符，或者为确定商品的归类、价格、原产地等，依法对进出口货物进行实际核查的执法行为。

第三条 查验应当由2名以上海关查验人员共同实施。查验人员实施查验时，应当着海关制式服装。

第四条 查验应当在海关监管区内实施。

因货物易受温度、静电、粉尘等自然因素影响，不宜在海关监管区内实施查验，或者因其他特殊原因，需要在海关监管区外查验的，经进出口货物收发货人或者其代理人书面申请，海关可以派员到海关监管区外实施查验。

第五条 海关实施查验可以彻底查验，也可以抽查。按照操作方式，查验可以分为人工查验和机检查验，人工查验包括外形查验、开箱查验等方式。

海关可以根据货物情况以及实际执法需要，确定具体的查验方式。

第六条 海关在对进出口货物实施查验前，应当通知进出口货物收发货人或者其代理人到场。

第七条 查验货物时，进出口货物收发货人或者其代理人应当到场，负责按照海关要求搬移货物，开拆和重封货物的包装，并如实回答查验人员的询问以及提供必要的资料。

第八条 因进出口货物所具有的特殊属性，容易因开启、搬运不当等原因导致货物损毁，需要查验人员在查验过程中予以特别注意的，进出口货物收发货人或者其代理人应当在海关实施查验前声明。

第九条 实施查验时需要提取货样、化验，以进一步确定或者鉴别进出口货物的品名、规格等属性的，海关依照《中华人民共和国海关化验管理办法》等有关规定办理。

第十条 查验结束后，查验人员应当如实填写查验记录并签名。查验记录应当由在场的进出口货物收发货人或者其代理人签名确认。进出口货物收发货人或者其代理人拒不签名的，查验人员应当在查验记录中予以注明，并由货物所在监管场所的经营人签名证明。查验记录作为报关单的随附单证由海关保存。

第十一条 有下列情形之一的，海关可以对已查验货物进行复验：

（一）经初次查验未能查明货物的真实属性，需要对已查验货物的某些性状做进一步确认的；

（二）货物涉嫌走私违规，需要重新查验的；

（三）进出口货物收发货人对海关查验结论有异议，提出复验要求并经海关同意的；

（四）其他海关认为必要的情形。

复验按照本办法第六条至第十条的规定办理，查验人员在查验记录上应当注明"复验"字样。

已经参加过查验的查验人员不得参加对同一票货物的复验。

第十二条 有下列情形之一的，海关可以在进出口货物收发货人或者其代理人不在场的情况下，对进出口货物进行径行开验：

（一）进出口货物有违法嫌疑的；

（二）经海关通知查验，进出口货物收发货人或者其代理人届时未到场的。

海关径行开验时，存放货物的海关监管场所经营人、运输工具负责人应当到场协助，并在查验记录上签名确认。

第十三条 对于危险品或者鲜活、易腐、易烂、易失效、易变质等不宜长期保存的货物，以及因其他特殊情况需要紧急验放的货物，经进出口货物收发货人或者其代理人申请，海关可以优先安排查验。

第十四条 进出口货物收发货人或者其代理人违反本办法的，海关依照《中华人民共和国海关法》《中华人民共和国海关行政处罚实施条例》等有关规定予以处理。

第十五条 海关在查验进出口货物时造成被查验货物损坏的，由海关按照《中华人民共和国海关法》《中华人民共和国海关行政赔偿办法》的规定承担赔偿责任。

第十六条 查验人员在查验过程中，违反规定，利用职权为自己或者他人谋取私利，索取、收受贿赂，滥用职权，故意刁难，拖延查验的，按照有关规定处理。

第十七条 海关在监管区内实施查验不收取费用。对集装箱、货柜车或者其他货物加施海关封志的，按照规定收取封志工本费。

因查验而产生的进出口货物搬移、开拆或者重封包装等费用，由进出口货物收发货人承担。

在海关监管区外查验货物，进出口货物收发货人或者其代理人应当按照规定向海关交纳规费。

第十八条　本办法下列用语的含义：

外形查验，是指对外部特征直观、易于判断基本属性的货物的包装、唛头和外观等状况进行验核的查验方式。

开箱查验，是指将货物从集装箱、货柜车箱等箱体中取出并拆除外包装后，对货物实际状况进行验核的查验方式。

机检查验，是指以利用技术检查设备为主，对货物实际状况进行验核的查验方式。

抽查，是指按照一定比例有选择地对一票货物中的部分货物验核实际状况的查验方式。

彻底查验，是指逐件开拆包装、验核货物实际状况的查验方式。

第十九条　本办法由海关总署负责解释。

第二十条　本办法自 2006 年 2 月 1 日起施行。

中华人民共和国海关进出口货物集中申报管理办法

（2008年1月24日海关总署令第169号发布　根据2014年3月13日海关总署令第218号《海关总署关于修改部分规章的决定》第一次修正　根据2018年11月23日海关总署令第243号《海关总署关于修改部分规章的决定》第二次修正）

第一条　为了便利进出口货物收发货人办理申报手续，提高进出口货物通关效率，规范对进出口货物的申报管理，根据《中华人民共和国海关法》（简称《海关法》）的有关规定，制定本办法。

第二条　本办法所称的集中申报是指经海关备案，进出口货物收发货人（以下简称收发货人）在同一口岸多批次进出口本办法第三条规定范围内货物，可以先以《中华人民共和国海关进口货物集中申报清单》（见附件1）或者《中华人民共和国海关出口货物集中申报清单》（见附件2）（以下统称《集中申报清单》）申报货物进出口，再以报关单集中办理海关手续的特殊通关方式。

进出口货物收发货人可以委托B类以上管理类别（含B类）的报关企业办理集中申报有关手续。

第三条　经海关备案，下列进出口货物可以适用集中申报通关方式：

（一）图书、报纸、期刊类出版物等时效性较强的货物；

（二）危险品或者鲜活、易腐、易失效等不宜长期保存的货物；

（三）公路口岸进出境的保税货物。

第四条　收发货人应当在货物所在地海关办理集中申报备案手

续，加工贸易企业应当在主管地海关办理集中申报备案手续。

第五条　收发货人申请办理集中申报备案手续的，应当向海关提交《适用集中申报通关方式备案表》（以下简称《备案表》，见附件3），同时提供符合海关要求的担保，担保有效期最短不得少于3个月。

海关应当对收发货人提交的《备案表》进行审核。经审核符合本办法有关规定的，核准其备案。

涉嫌走私或者违规，正在被海关立案调查的收发货人、因进出口侵犯知识产权货物被海关依法给予行政处罚的收发货人、适用C类或者D类管理类别的收发货人进出口本办法第三条所列货物的，不适用集中申报通关方式。

第六条　在备案有效期内，收发货人可以适用集中申报通关方式。备案有效期限按照收发货人提交的担保有效期核定。

申请适用集中申报通关方式的货物、担保情况等发生变更时，收发货人应当向原备案地海关书面申请变更。

备案有效期届满可以延续。收发货人需要继续适用集中申报方式办理通关手续的，应当在备案有效期届满10日前向原备案地海关书面申请延期。

第七条　收发货人有下列情形之一的，停止适用集中申报通关方式：

（一）担保情况发生变更，不能继续提供有效担保的；

（二）涉嫌走私或者违规，正在被海关立案调查的；

（三）进出口侵犯知识产权货物，被海关依法给予行政处罚的；

（四）海关分类管理类别被降为C类或者D类的。

收发货人可以在备案有效期内主动申请终止适用集中申报通关方式。

第八条　收发货人在备案有效期届满前未向原备案地海关申请

延期的,《备案表》效力终止。收发货人需要继续按照集中申报方式办理通关手续的,应当重新申请备案。

第九条 依照本办法规定以集中申报通关方式办理海关手续的收发货人,应当在载运进口货物的运输工具申报进境之日起14日内,出口货物在运抵海关监管区后、装货的24小时前填制《集中申报清单》向海关申报。

收货人在运输工具申报进境之日起14日后向海关申报进口的,不适用集中申报通关方式。收货人应当以报关单向海关申报。

第十条 海关审核集中申报清单电子数据时,对保税货物核扣加工贸易手册(账册)或电子账册数据;对一般贸易货物核对集中申报备案数据。

经审核,海关发现集中申报清单电子数据与集中申报备案数据不一致的,应当予以退单。收发货人应当以报关单方式向海关申报。

第十一条 收发货人应当自海关审结《集中申报清单》电子数据之日起3日内,持《集中申报清单》及随附单证到货物所在地海关办理交单验放手续。属于许可证件管理的,收发货人还应当取得相应的许可证件,海关应当在相关证件上批注并留存复印件。

收发货人未在本条第一款规定期限办理相关海关手续的,海关删除集中申报清单电子数据,收发货人应当重新向海关申报。重新申报日期超过运输工具申报进境之日起14日的,应当以报关单申报。

第十二条 收发货人在清单申报后修改或者撤销集中申报清单的,参照进出口货物报关单修改和撤销的相关规定办理。

第十三条 收发货人应当对一个月内以《集中申报清单》申报的数据进行归并,填制进出口货物报关单,一般贸易货物在次月10日之前、保税货物在次月底之前到海关办理集中申报手续。

一般贸易货物集中申报手续不得跨年度办理。

第十四条 《集中申报清单》归并为同一份报关单的,各清单中的进出境口岸、经营单位、境内收发货人、贸易方式（监管方式）、启运国（地区）、装货港、运抵国（地区）、运输方式栏目以及适用的税率、汇率必须一致。

各清单中本条前款规定项目不一致的，收发货人应当分别归并为不同的报关单进行申报。对确实不能归并的，应当填写单独的报关单进行申报。

各清单归并为同一份报关单时，各清单中载明的商品项在商品编号、商品名称、规格型号、单位、原产国（地区）、单价和币制均一致的情况下可以进行数量和总价的合并。

第十五条 收发货人对《集中申报清单》申报的货物以报关单方式办理海关手续时，应当按照海关规定对涉税的货物办理税款缴纳手续。涉及许可证件管理的，应当取得相应许可证件。海关对相应许可证件电子数据进行系统自动比对验核。

第十六条 对适用集中申报通关方式的货物，海关按照接受清单申报之日实施的税率、汇率计征税费。

第十七条 收发货人办结集中申报海关手续后，海关按集中申报进出口货物报关单签发报关单证明联。"进出口日期"以海关接受报关单申报的日期为准。

第十八条 海关对集中申报的货物以报关单上的"进出口日期"为准列入海关统计。

第十九条 中华人民共和国境内其他地区进出海关特殊监管区域、保税监管场所的货物需要按照集中申报方式办理通关手续的，除海关另有规定以外，参照本办法办理。

第二十条 违反本办法，构成走私行为、违反海关监管规定行为或者其他违反海关法行为的，由海关依照海关法、《中华人民共和国海关行政处罚实施条例》等有关法律、行政法规的规定予以处理；构成犯罪的，依法追究刑事责任。

第二十一条　本办法由海关总署负责解释。

第二十二条　本办法自2008年5月1日起施行。

附件：

1. 中华人民共和国海关进口货物集中申报清单

2. 中华人民共和国海关出口货物集中申报清单

3. 适用集中申报通关方式备案表

附件 1

中华人民共和国海关进口货物集中申报清单

海关编号：××××-××××-I-××××××××

进口口岸		进口日期	申报日期	备案号
经营单位		运输方式	运输工具名称	提运单号
收货单位		贸易方式	许可证号	
集装箱号		起运国（地区）	装货港	
件数	包装种类	毛重（公斤）	净重（公斤）	
随附单据		备注		

项号 商品编号 商品名称、规格型号 数量及单位 原产国（地区） 单价 总价 币制

录入员 录入单位	兹声明以上申报无讹并承担法律责任	海关审单批注及放行日期（签章）
报关员 单位地址 邮编　电话	申报单位（签章） 填制日期	审单
		查验
		放行

附件2

中华人民共和国海关出口货物集中申报清单

海关编号：×××-××××-E-××××××××

出口口岸		出口日期	申报日期	备案号
经营单位		运输方式	运输工具名称	提运单号
发货单位		贸易方式	许可证号	
集装箱号		运抵国（地区）	指运港	
件数	包装种类	毛重（公斤）	净重（公斤）	
随附单据		备注		
项号 商品编号 商品名称、规格型号 数量及单位 原产国（地区） 单价 总价 币制				
录入员　录入单位	兹声明以上申报无讹并承担法律责任		海关审单批注及放行日期（签章）	
			审单	
报关员	申报单位（签章）			
单位地址			查验	
邮编　　电话	填制日期			
			放行	

附件 3

适用集中申报通关方式备案表

编号：　　　号

申请单位		企业编号		企业适用类别	
□资质申请		□备案更改	□一般贸易货物		□保税货物
担保情况					
担保方式	□保证金		□银行保函	□非银行金融机构保函	
担保额度		担保有效期		进出口批次/月	
一般贸易货物备案情况					

序号	商品编号	商品名称	规格型号	修改方式

资质申请	备案更改
根据《海关进出口货物集中申报管理办法》，我公司特向贵关申请适用集中申报通关方式。我公司将严格遵守该办法的有关规定并承担相应的法律责任。 申请单位（公章）： 法人代表（签章）： 申请日期：	变更理由： 申请单位（公章）： 法人代表（签章）： 申请日期：
海关核准/确认意见： <div align="right">签章：　　年　月　日</div>	

申请企业要求：

一、收发货人应当按照《中华人民共和国海关进出口货物集中申报管理办法》（以下简称《管理办法》）第四条、第五条有关规定办理备案手续。

二、申请适用集中申报通关方式办理海关手续的进出口货物应当符合《管理办法》第三条规定的适用范围。

三、申请适用集中申报通关方式的收发货人应当符合《管理办法》第五条规定的条件。

填表说明：

一、编号：12位，1—4位为审批海关的关区代码，5—12位为流水号。本栏目免予填报，由系统自动生成回填表格。

二、申请单位：申请企业在海关办理注册登记手续的中文名称。

三、企业编号：申请单位在海关办理注册登记的10位编号。

四、企业适用类别：申请单位适用的海关分类管理类别。

五、企业首次向海关申请集中申报资质的，应在"资质申请"项前打钩；企业需对已经海关核准的集中申报备案的担保方式、担保额度、担保有效期、一般贸易货物情况进行修改的，应在"备案更改"项前打钩。

六、企业根据集中申报货物性质选择"一般贸易货物"或"保税货物"之一。

七、担保情况（保税货物免予填写此项）：

（一）担保方式：根据实际担保情况在"保证金""银行保函""非银行金融机构保函"三项前打钩。

（二）担保额度：填写担保的人民币金额，单位为万元。

（三）担保有效期：根据实际情况填写，格式为4位年、2位月、2位日。

八、一般贸易货物备案情况（保税货物免于填写此项）：

（一）序号：备案货物的排列序号

（二）商品编号：按商品分类编码规则确定的进出口货物的HS编码

（三）商品名称：货物的中文商品名称

（四）规格型号：货物的规格型号，必要时可加注原文

（五）修改方式：仅"备案更改"时填写，仅可"新增"或"停用"二种方式

1.新增方式下，需填写对应的序号、商品编号、商品名称、规格型号

2.停用方式下，仅需填写序号一项，为原备案货物对应的序号

中华人民共和国海关监管区管理暂行办法

（2017年8月8日海关总署令第232号公布　根据2018年5月29日海关总署令第240号《海关总署关于修改部分规章的决定》修正）

第一章　总　则

第一条　为了规范海关监管区的管理，根据《中华人民共和国海关法》以及其他有关法律、行政法规的规定，制定本办法。

第二条　本办法所称海关监管区，是指《中华人民共和国海关法》第一百条所规定的海关对进出境运输工具、货物、物品实施监督管理的场所和地点，包括海关特殊监管区域、保税监管场所、海关监管作业场所、免税商店以及其他有海关监管业务的场所和地点。

本办法所称海关监管作业场所，是指由企业负责经营管理，供进出境运输工具或者境内承运海关监管货物的运输工具进出、停靠，从事海关监管货物的进出、装卸、储存、集拼、暂时存放等有关经营活动，符合《海关监管作业场所设置规范》（以下简称《场所设置规范》），办理相关海关手续的场所。

《场所设置规范》由海关总署另行制定并公告。

第三条　本办法适用于海关对海关监管区的管理。

海关规章对海关特殊监管区域、保税监管场所、免税商店的管理另有规定的，从其规定。

第四条　公民、法人和其他组织在海关监管区内开展依法应当经过批准的业务的，应当按照相关主管部门的要求开展有关业务。

第五条　海关实施本办法的规定不妨碍其他部门履行其相应职责。

第二章　海关监管区的管理

第六条　海关监管区应当设置符合海关监管要求的基础设施、检查查验设施以及相应的监管设备。

第七条　海关依照《中华人民共和国海关法》的规定，对海关监管区内进出境运输工具、货物、物品行使检查、查验等权力。

第八条　进出境运输工具、货物、物品，应当通过海关监管区进境或者出境。

第九条　进出境运输工具或者境内承运海关监管货物的运输工具应当在海关监管区停靠、装卸，并办理海关手续。

第十条　进出境货物应当在海关监管区的海关监管作业场所集中办理进出、装卸、储存、集拼、暂时存放等海关监管业务。

第十一条　进出境物品应当在海关监管区的旅客通关类场所、邮件类场所办理海关手续，海关总署另有规定的除外。

第十二条　在海关监管区内从事与进出境运输工具、货物、物品等有关的经营活动，应当接受海关监管。

第十三条　因救灾、临时减载、装运鲜活产品以及其他特殊情况，需要经过未设立海关的地点临时进境或者出境的，应当经国务院或者国务院授权的机关批准，并办理海关手续。

第三章　海关监管作业场所的管理

第十四条　申请经营海关监管作业场所的企业（以下称申请人）应当同时具备以下条件：

（一）具有独立企业法人资格；

（二）取得与海关监管作业场所经营范围相一致的工商核准

登记；

（三）具有符合《场所设置规范》的场所。

由法人分支机构经营的，分支机构应当取得企业法人授权。

第十五条 申请人应当向主管地的直属海关或者隶属海关（以下简称主管海关）提出注册申请，并且提交以下材料：

（一）经营海关监管作业场所企业注册申请书；

（二）海关监管作业场所功能布局和监管设施示意图。

由法人分支机构经营的，申请人应当提交企业法人授权文书。

第十六条 主管海关依据《中华人民共和国行政许可法》和《中华人民共和国海关实施〈中华人民共和国行政许可法〉办法》的规定办理有关行政许可事项，具体办法由海关总署另行制定并公告。

第十七条 海关可以采取视频监控、联网核查、实地巡查、库存核对等方式，对海关监管作业场所实施监管。

第十八条 经营企业应当根据海关监管需要，在海关监管作业场所的出入通道设置卡口，配备与海关联网的卡口控制系统和设备。

第十九条 经营企业应当凭海关放行信息办理海关监管货物以及相关运输工具出入海关监管作业场所的手续。

第二十条 经营企业应当妥善保存货物进出以及存储等情况的电子数据或者纸质单证，保存时间不少于3年，海关可以进行查阅和复制。

第二十一条 经营企业应当在海关监管作业场所建立与海关联网的信息化管理系统、视频监控系统，并且根据海关监管需要建立全覆盖无线网络。

第二十二条 海关监管作业场所出现与《场所设置规范》不相符情形的，经营企业应当立即采取措施进行修复，并且报告海关。海关根据管理需要，可以采取相应的限制措施。

第二十三条 经营企业应当在海关监管作业场所装卸、储存、集拼、暂时存放海关监管货物。

装卸、储存、集拼、暂时存放非海关监管货物的，应当与海关监管货物分开，设立明显标识，并且不得妨碍海关对海关监管货物的监管。

经营企业应当根据海关需要，向海关传输非海关监管货物进出海关监管作业场所等信息。

第二十四条 经营企业应当将海关监管作业场所内存放超过3个月的海关监管货物情况向海关报告。海关可以对相应货物存放情况进行核查。

第二十五条 经营企业应当建立与相关海关监管业务有关的人员管理、单证管理、设备管理和值守等制度。

第二十六条 海关履行法定职责过程中，发现海关监管作业场所内海关监管货物存在安全生产隐患的，应当及时向主管部门通报。

第二十七条 经营企业有下列行为之一的，责令改正，给予警告，可以暂停其相应海关监管作业场所6个月以内从事有关业务：

（一）未凭海关放行信息办理出入海关监管作业场所手续的；

（二）未依照本办法规定保存货物进出以及存储等情况的电子数据或者纸质单证的；

（三）海关监管作业场所出现与《场所设置规范》不相符情形未及时修复，影响海关监管的；

（四）未依照本办法规定装卸、储存、集拼、暂时存放海关监管货物的；

（五）未依照本办法规定将海关监管作业场所内存放超过3个月的海关监管货物情况向海关报告的。

因前款第三项原因被暂停业务的，如果海关监管作业场所经整改符合要求，可以提前恢复业务。

发生走私行为或者重大违反海关监管规定行为的，海关应当责令经营企业改正，并且暂停其相应海关监管作业场所6个月以内从事有关业务。

第四章 附 则

第二十八条 海关工作人员徇私舞弊、滥用职权、玩忽职守，未依法履行本办法规定职责的，依法给予处分。

第二十九条 本办法由海关总署负责解释。

第三十条 本办法自2017年11月1日起施行。2008年1月30日海关总署令第171号发布的《中华人民共和国海关监管场所管理办法》、2015年4月27日海关总署令第227号公布的《海关总署关于修改部分规章的决定》》第六条同时废止。

中华人民共和国海关进口货物直接退运管理办法

（2014年3月12日海关总署令第217号公布　根据2018年4月28日海关总署令第238号《海关总署关于修改部分规章的决定》第一次修正　根据2018年5月29日海关总署令第240号《海关总署关于修改部分规章的决定》第二次修正）

第一条　为了加强对进口货物直接退运的管理，保护公民、法人或者其他组织的合法权益，根据《中华人民共和国海关法》（以下简称《海关法》）制定本办法。

第二条　货物进境后、办结海关放行手续前，进口货物收发货人、原运输工具负责人或者其代理人（以下统称当事人）将全部或者部分货物直接退运境外，以及海关根据国家有关规定责令直接退运的，适用本办法。

进口转关货物在进境地海关放行后，当事人办理退运手续的，不适用本办法，当事人应当按照一般退运手续办理。

第三条　货物进境后、办结海关放行手续前，有下列情形之一的，当事人可以向货物所在地海关办理直接退运手续：

（一）因为国家贸易管理政策调整，收货人无法提供相关证件的；

（二）属于错发、误卸或者溢卸货物，能够提供发货人或者承运人书面证明文书的；

（三）收发货人双方协商一致同意退运，能够提供双方同意退运的书面证明文书的；

（四）有关贸易发生纠纷，能够提供已生效的法院判决书、仲裁机构仲裁决定书或者无争议的有效货物所有权凭证的；

（五）货物残损或者检验检疫不合格，能够提供相关检验证明文书的。

第四条 办理直接退运手续的进口货物未向海关申报的，当事人应当向海关提交《进口货物直接退运表》以及证明进口实际情况的合同、发票、装箱清单、提运单或者载货清单等相关单证、证明文书，按照本办法第十条的规定填制报关单，办理直接退运的申报手续。

第五条 办理直接退运手续的进口货物已向海关申报的，当事人应当向海关提交《进口货物直接退运表》，先行办理报关单或者转关单删除手续。

本条第一款规定情形下，海关依法删除原报关单或者转关单数据的，当事人应当按照本办法第十条的规定填制报关单，办理直接退运的申报手续。

对海关已经确定布控、查验或者认为有走私违规嫌疑的货物，不予办理直接退运。布控、查验或者案件处理完毕后，按照海关有关规定处理。

第六条 货物进境后、办结海关放行手续前，有下列情形之一的，海关应当责令当事人将进口货物直接退运境外：

（一）货物属于国家禁止进口的货物，已经海关依法处理的；

（二）违反国家检验检疫政策法规，已经海关依法处理的；

（三）未经许可擅自进口属于限制进口的固体废物，已经海关依法处理的；

（四）违反国家有关法律、行政法规，应当责令直接退运的其他情形。

第七条 责令进口货物直接退运的，由海关根据相关政府行政主管部门出具的证明文书，向当事人制发《海关责令进口货物直接退运通知书》（以下简称《责令直接退运通知书》）。

第八条 当事人收到《责令直接退运通知书》之日起30日内，应当按照海关要求向货物所在地海关办理进口货物直接退运的申报手续。

第九条 当事人办理进口货物直接退运申报手续的，除另有规定外，应当先行填写出口报关单向海关申报，然后填写进口报关单办理直接退运申报手续，进口报关单应当在"关联报关单"栏填报出口报关单号。

第十条 进口货物直接退运的，除《中华人民共和国海关进出口货物报关单填制规范》外，还应当按照下列要求填制进出口货物报关单：

（一）"监管方式"栏均填写"直接退运"（代码"4500"）；

（二）"备注"栏填写《进口货物直接退运表》或者《责令直接退运通知书》编号。

第十一条 直接退运的货物，海关不验核进出口许可证或者其他监管证件，免予征收进出口环节税费及滞报金，不列入海关统计。

第十二条 由于承运人的责任造成货物错发、误卸或者溢卸的，当事人办理直接退运手续时可以免予填制报关单。

第十三条 进口货物直接退运应当从原进境地口岸退运出境。由于运输原因需要改变运输方式或者由另一口岸退运出境的，应当经由原进境地海关批准后，以转关运输方式出境。

第十四条 保税区、出口加工区以及其他海关特殊监管区域和保税监管场所进口货物的直接退运参照本办法有关规定办理。

第十五条 违反本办法，构成走私行为、违反海关监管规定行为或者其他违反《海关法》行为的，由海关依照《海关法》和《中华人民共和国海关行政处罚实施条例》的有关规定予以处理；构成犯罪的，依法追究刑事责任。

　　第十六条　《进口货物直接退运表》《海关责令进口货物直接退运通知书》等法律文书，由海关总署另行制发公告。

　　第十七条　本办法由海关总署负责解释。

　　第十八条　本办法自公布之日起施行。2007年2月2日以海关总署令第156号公布的《中华人民共和国海关进口货物直接退运管理办法》同时废止。

关于全面推广"两步申报"改革的公告

（海关总署公告 2019 年第 216 号）

为贯彻落实国务院"放管服"改革要求，进一步优化营商环境、促进贸易便利化，海关总署决定全面推广进口货物"两步申报"改革试点。现就有关事项公告如下：

一、进口收货人或代理人可通过国际贸易"单一窗口"（https://www.singlewindow.cn）或"互联网+海关"一体化网上办事平台（http://online.customs.gov.cn），开展进口货物"两步申报"，也可通过"掌上海关"APP 开展非涉证、非涉检、非涉税情况下的概要申报。

二、境内收发货人信用等级为一般信用及以上，实际进境的货物均可采用"两步申报"。

三、推广"两步申报"改革同时保留现有申报模式，企业可自行选择一种模式进行申报。

本公告自 2020 年 1 月 1 日起实施，其他相关事项按照海关总署公告 2019 年第 127 号执行。

特此公告。

海关总署
2019 年 12 月 26 日

关于进一步推进运输工具进出境监管作业无纸化的公告

（海关总署公告 2020 年第 91 号）

为贯彻落实"放管服"改革要求，优化口岸营商环境、促进物流便利化，海关总署决定进一步推进运输工具进出境监管领域作业无纸化，进出境运输工具负责人、进出境运输工具服务企业可向海关提交电子数据办理相关手续。现将有关事项公告如下：

一、备案及相关手续

进出境运输工具负责人、进出境运输工具服务企业办理相关企业及运输工具备案、备案变更、备案撤（注）销手续，以及来往港澳公路货运企业及公路车辆年审、验车手续的，可向海关提交电子数据办理相关手续，无需提交备案登记表、备案变更表、年审报告书、验车记录表、临时进境验车申报表等纸质单证资料及相关随附单证。

海关以电子方式向进出境运输工具负责人、进出境运输工具服务企业反馈办理结果，不再核发《船舶进出境（港）海关监管簿》《中国籍兼营船舶海关监管签证簿》《来往港澳小型船舶登记备案证书》《来往港澳小型船舶进出境（港）海关监管簿》《来往香港/澳门货运企业备案登记证》《来往香港/澳门车辆进出境签证簿》等纸质证簿。

二、进出境相关手续

进出境运输工具负责人、进出境运输工具服务企业办理进出境、境内续驶手续，以及物料添加/起卸/调拨、沿海空箱调运、兼营运输工具改营、运输工具结关等手续的，可向海关提交电子数据办理相关手续，无需提交纸质单证资料及相关随附单证，无需交验纸质证簿。其中：

（一）进出境运输工具负责人办理境内续驶手续的，海关以电子方式反馈相关手续办理结果，不再制发纸质关封。

（二）进出境运输工具须实施登临检查的，海关以电子方式向运输工具负责人发送运输工具登临检查通知。

三、其他事宜

因海关监管需要，或者因系统故障等原因无法正常传输相关电子数据的，进出境运输工具负责人、进出境运输工具服务企业应提供纸质单证资料。

本公告自2020年12月1日起施行。

特此公告。

海关总署

2020年8月11日

中华人民共和国海关对进出境快件监管办法

（2003年11月18日海关总署令第104号发布　根据2006年3月28日海关总署令第147号《海关总署关于修改〈中华人民共和国海关对进出境快件监管办法〉的决定》第一次修正　根据2010年11月26日海关总署令第198号《海关总署关于修改部分规章的决定》第二次修正　根据2018年5月29日海关总署令第240号《海关总署关于修改部分规章的决定》第三次修正　根据2023年3月9日海关总署令第262号《海关总署关于修改部分规章的决定》第四次修正）

第一章　总　则

第一条　为加强海关对进出境快件的监管，便利进出境快件通关，根据《中华人民共和国海关法》及其他有关法律、行政法规，制定本办法。

第二条　本办法所称进出境快件是指进出境快件运营人以向客户承诺的快速商业运作方式承揽、承运的进出境货物、物品。

第三条　本办法所称进出境快件运营人（以下简称运营人）是指在中华人民共和国境内依法注册，在海关登记备案的从事进出境快件运营业务的国际货物运输代理企业。

第四条　运营人不得承揽、承运《中华人民共和国禁止进出境物品表》所列物品，如有发现，不得擅作处理，应当立即通知海关并协助海关进行处理。

未经中华人民共和国邮政部门批准，运营人不得承揽、承运私人信件。

第五条　运营人不得以任何形式出租、出借、转让本企业的进出境快件报关权，不得代理非本企业承揽、承运的货物、物品的报关。

第六条　未经海关许可，未办结海关手续的进出境快件不得移出海关监管场所，不得进行装卸、开拆、重换包装、更换标记、提取、派送和发运等作业。

第二章　运营人登记

第七条　运营人申请办理进出境快件代理报关业务的，应当在所在地海关办理登记手续。

第八条　运营人在所在地海关办理登记手续应具备下列条件：

（一）已经获得国务院对外贸易主管部门或者其委托的备案机构办理的《国际货运代理企业备案表》，但法律法规另有规定的除外。

（二）已经领取工商行政管理部门颁发的《企业法人营业执照》，准予或者核定其经营进出境快件业务。

（三）已经在海关办理报关企业备案手续。

（四）具有境内、外进出境快件运输网络和二个以上境外分支机构或代理人。

（五）具有本企业专用进出境快件标识、运单，运输车辆符合海关监管要求并经海关核准备案。

（六）具备实行电子数据交换方式报关的条件。

（七）快件的外包装上应标有符合海关自动化检查要求的条形码。

（八）与境外合作者（包括境内企业法人在境外设立的分支机构）的合作运输合同或协议。

（九）已取得邮政管理部门颁发的国际快递业务经营许可。

第九条 进出境快件运营人不再具备本《办法》第八条所列条件之一或者在一年内没有从事进出境快件运营业务的，海关注销该运营人登记。

第三章 进出境快件分类

第十条 本办法将进出境快件分为文件类、个人物品类和货物类三类。

第十一条 文件类进出境快件是指法律、法规规定予以免税且无商业价值的文件、单证、票据及资料。

第十二条 个人物品类进出境快件是指海关法规规定自用、合理数量范围内的进出境的旅客分离运输行李物品、亲友间相互馈赠物品和其他个人物品。

第十三条 货物类进出境快件是指第十一条、第十二条规定以外的快件。

第四章 进出境快件监管

第十四条 进出境快件通关应当在经海关批准的专门监管场所内进行，如因特殊情况需要在专门监管场所以外进行的，需事先征得所在地海关同意。

运营人应当在海关对进出境快件的专门监管场所内设有符合海关监管要求的专用场地、仓库和设备。

对进出境快件专门监管场所的管理办法，由海关总署另行制定。

第十五条 进出境快件通关应当在海关正常办公时间内进行，如需在海关正常办公时间以外进行的，需事先征得所在地海关同意。

第十六条 进境快件自运输工具申报进境之日起十四日内，出境快件在运输工具离境3小时之前，应当向海关申报。

第十七条　运营人应向海关传输或递交进出境快件舱单或清单，海关确认无误后接受申报；运营人需提前报关的，应当提前将进出境快件运输和抵达情况书面通知海关，并向海关传输或递交舱单或清单，海关确认无误后接受预申报。

第十八条　海关查验进出境快件时，运营人应派员到场，并负责进出境快件的搬移、开拆和重封包装。

海关对进出境快件中的个人物品实施开拆查验时，运营人应通知进境快件的收件人或出境快件的发件人到场，收件人或发件人不能到场的，运营人应向海关提交其委托书，代理收/发件人的义务，并承担相应法律责任。

海关认为必要时，可对进出境快件予以径行开验、复验或者提取货样。

第十九条　除另有规定外，运营人办理进出境快件报关手续时，应当按本办法第十一条、第十二条、第十三条分类规定分别向海关提交有关报关单证并办理相应的报关、纳税手续。

第二十条　文件类进出境快件报关时，运营人应当向海关提交《中华人民共和国海关进出境快件KJ1报关单》、总运单（副本）和海关需要的其他单证。

第二十一条　个人物品类进出境快件报关时，运营人应当向海关提交《中华人民共和国海关进出境快件个人物品申报单》、每一进出境快件的分运单、进境快件收件人或出境快件发件人身份证件影印件和海关需要的其他单证。

第二十二条　货物类进境快件报关时，运营人应当按下列情形分别向海关提交报关单证：

对关税税额在《中华人民共和国进出口关税条例》规定的关税起征数额以下的货物和海关规定准予免税的货样、广告品，应提交

《中华人民共和国海关进出境快件KJ2报关单》、每一进境快件的分运单、发票和海关需要的其他单证。

对应予征税的货样、广告品（法律、法规规定实行许可证件管理的、需进口付汇的除外），应提交《中华人民共和国海关进出境快件KJ3报关单》、每一进境快件的分运单、发票和海关需要的其他单证。

第二十三条 对第二十条、第二十一条、第二十二条规定以外的货物，按照海关对进口货物通关的规定办理。

第二十四条 货物类出境快件报关时，运营人应按下列情形分别向海关提交报关单证：

对货样、广告品（法律、法规规定实行许可证件管理的、应征出口关税的、需出口收汇的、需出口退税的除外），应提交《中华人民共和国海关进出境快件KJ2报关单》、每一出境快件的分运单、发票和海关需要的其他单证。

对上述以外的其他货物，按照海关对出口货物通关的规定办理。

第五章　进出境专差快件

第二十五条 进出境专差快件是指运营人以专差押运方式承运进出境的空运快件。

第二十六条 运营人从事进出境专差快件经营业务，除应当按本办法第二章有关规定办理登记手续外，还应当将进出境专差快件的进出境口岸、时间、路线、运输工具航班、专差本人的详细情况、标志等向所在地海关登记。如有变更，应当于变更前5个工作日向所在地海关登记。

第二十七条 进出境专差快件应按行李物品方式托运，使用专用包装，并在总包装的显著位置标注运营人名称和"进出境专差快件"字样。

第六章　法律责任

第二十八条　违反本办法有走私违法行为的，海关按照《中华人民共和国海关法》、《中华人民共和国海关行政处罚实施条例》等有关法律、行政法规进行处理；构成犯罪的，依法追究刑事责任。

第七章　附　则

第二十九条　本办法所规定的文书由海关总署另行制定并且发布。

第三十条　本办法由海关总署负责解释。

第三十一条　本办法自二〇〇四年一月一日起施行。

中华人民共和国海关暂时进出境货物管理办法

（2017 年 12 月 7 日海关总署令第 233 号公布
自 2018 年 2 月 1 日起施行）

第一章 总 则

第一条 为了规范海关对暂时进出境货物的监管，根据《中华人民共和国海关法》（以下简称《海关法》）、《中华人民共和国进出口关税条例》（以下简称《关税条例》）以及有关法律、行政法规的规定，制定本办法。

第二条 海关对暂时进境、暂时出境并且在规定的期限内复运出境、复运进境货物的管理适用本办法。

第三条 本办法所称暂时进出境货物包括：

（一）在展览会、交易会、会议以及类似活动中展示或者使用的货物；

（二）文化、体育交流活动中使用的表演、比赛用品；

（三）进行新闻报道或者摄制电影、电视节目使用的仪器、设备以及用品；

（四）开展科研、教学、医疗活动使用的仪器、设备和用品；

（五）在本款第（一）项至第（四）项所列活动中使用的交通工具以及特种车辆；

（六）货样；

（七）慈善活动使用的仪器、设备以及用品；

（八）供安装、调试、检测、修理设备时使用的仪器以及工具；

（九）盛装货物的包装材料；

（十）旅游用自驾交通工具及其用品；

（十一）工程施工中使用的设备、仪器以及用品；

（十二）测试用产品、设备、车辆；

（十三）海关总署规定的其他暂时进出境货物。

使用货物暂准进口单证册（以下称"ATA 单证册"）暂时进境的货物限于我国加入的有关货物暂准进口的国际公约中规定的货物。

第四条　暂时进出境货物的税收征管依照《关税条例》的有关规定执行。

第五条　除我国缔结或者参加的国际条约、协定以及国家法律、行政法规和海关总署规章另有规定外，暂时进出境货物免予交验许可证件。

第六条　暂时进出境货物除因正常使用而产生的折旧或者损耗外，应当按照原状复运出境、复运进境。

<h3 style="text-align:center">第二章　暂时进出境货物的监管</h3>

第七条　ATA 单证册持证人、非 ATA 单证册项下暂时进出境货物收发货人（以下简称"持证人、收发货人"）可以在申报前向主管地海关提交《暂时进出境货物确认申请书》，申请对有关货物是否属于暂时进出境货物进行审核确认，并且办理相关手续，也可以在申报环节直接向主管地海关办理暂时进出境货物的有关手续。

第八条　ATA 单证册持证人应当向海关提交有效的 ATA 单证册以及相关商业单据或者证明材料。

第九条　ATA 单证册项下暂时出境货物，由中国国际贸易促进委员会（中国国际商会）向海关总署提供总担保。

除另有规定外，非 ATA 单证册项下暂时进出境货物收发货人应当按照有关规定向主管地海关提供担保。

第十条 暂时进出境货物应当在进出境之日起6个月内复运出境或者复运进境。

因特殊情况需要延长期限的，持证人、收发货人应当向主管地海关办理延期手续，延期最多不超过3次，每次延长期限不超过6个月。延长期届满应当复运出境、复运进境或者办理进出口手续。

国家重点工程、国家科研项目使用的暂时进出境货物以及参加展期在24个月以上展览会的展览品，在前款所规定的延长期届满后仍需要延期的，由主管地直属海关批准。

第十一条 暂时进出境货物需要延长复运进境、复运出境期限的，持证人、收发货人应当在规定期限届满前向主管地海关办理延期手续，并且提交《货物暂时进/出境延期办理单》以及相关材料。

第十二条 暂时进出境货物可以异地复运出境、复运进境，由复运出境、复运进境地海关调取原暂时进出境货物报关单电子数据办理有关手续。

ATA单证册持证人应当持ATA单证册向复运出境、复运进境地海关办理有关手续。

第十三条 暂时进出境货物需要进出口的，暂时进出境货物收发货人应当在货物复运出境、复运进境期限届满前向主管地海关办理进出口手续。

第十四条 暂时进出境货物收发货人在货物复运出境、复运进境后，应当向主管地海关办理结案手续。

第十五条 海关通过风险管理、信用管理等方式对暂时进出境业务实施监督管理。

第十六条 暂时进出境货物因不可抗力的原因受损，无法原状复运出境、复运进境的，持证人、收发货人应当及时向主管地海关报告，可以凭有关部门出具的证明材料办理复运出境、复运进境手续；因不可抗力的原因灭失的，经主管地海关核实后可以视为该货物已经复运出境、复运进境。

　　暂时进出境货物因不可抗力以外其他原因受损或者灭失的，持证人、收发货人应当按照货物进出口的有关规定办理海关手续。

第三章　暂时进出境展览品的监管

　　第十七条　境内展览会的办展人以及出境举办或者参加展览会的办展人、参展人（以下简称"办展人、参展人"）可以在展览品进境或者出境前向主管地海关报告，并且提交展览品清单和展览会证明材料，也可以在展览品进境或者出境时，向主管地海关提交上述材料，办理有关手续。

　　对于申请海关派员监管的境内展览会，办展人、参展人应当在展览品进境前向主管地海关提交有关材料，办理海关手续。

　　第十八条　展览会需要在我国境内两个或者两个以上关区内举办的，对于没有向海关提供全程担保的进境展览品应当按照规定办理转关手续。

　　第十九条　下列在境内展览会期间供消耗、散发的用品（以下简称"展览用品"），由海关根据展览会的性质、参展商的规模、观众人数等情况，对其数量和总值进行核定，在合理范围内的，按照有关规定免征进口关税和进口环节税：

　　（一）在展览活动中的小件样品，包括原装进口的或者在展览期间用进口的散装原料制成的食品或者饮料的样品；

　　（二）为展出的机器或者器件进行操作示范被消耗或者损坏的物料；

　　（三）布置、装饰临时展台消耗的低值货物；

　　（四）展览期间免费向观众散发的有关宣传品；

　　（五）供展览会使用的档案、表格以及其他文件。

　　前款第（一）项所列货物，应当符合以下条件：

（一）由参展人免费提供并且在展览期间专供免费分送给观众使用或者消费的；

（二）单价较低，作广告样品用的；

（三）不适用于商业用途，并且单位容量明显小于最小零售包装容量的；

（四）食品以及饮料的样品虽未按照本款第（三）项规定的包装分发，但是确实在活动中消耗掉的。

第二十条 展览用品中的酒精饮料、烟草制品以及燃料不适用有关免税的规定。

本办法第十九条第一款第（一）项所列展览用品超出限量进口的，超出部分应当依法征税；第一款第（二）项、第（三）项、第（四）项所列展览用品，未使用或者未被消耗完的，应当复运出境，不复运出境的，应当按照规定办理进口手续。

第二十一条 海关派员进驻展览场所的，经主管地海关同意，展览会办展人可以就参展的展览品免予向海关提交担保。

展览会办展人应当提供必要的办公条件，配合海关工作人员执行公务。

第二十二条 未向海关提供担保的进境展览品在非展出期间应当存放在海关监管作业场所。因特殊原因需要移出的，应当经主管地海关同意，并且提供相应担保。

第二十三条 为了举办交易会、会议或者类似活动而暂时进出境的货物，按照本办法对展览品监管的有关规定进行监管。

第四章 ATA单证册的管理

第二十四条 中国国际贸易促进委员会（中国国际商会）是我国ATA单证册的出证和担保机构，负责签发出境ATA单证册，向海关报送所签发单证册的中文电子文本，协助海关确认ATA单证册的真伪，并且向海关承担ATA单证册持证人因违反暂时进出境规定而产生的相关税费、罚款。

第二十五条　海关总署设立ATA核销中心，履行以下职责：

（一）对ATA单证册进行核销、统计以及追索；

（二）应成员国担保人的要求，依据有关原始凭证，提供ATA单证册项下暂时进出境货物已经进境或者从我国复运出境的证明；

（三）对全国海关ATA单证册的有关核销业务进行协调和管理。

第二十六条　海关只接受用中文或者英文填写的ATA单证册。

第二十七条　ATA单证册发生损坏、灭失等情况的，ATA单证册持证人应当持原出证机构补发的ATA单证册到主管地海关进行确认。

补发的ATA单证册所填项目应当与原ATA单证册相同。

第二十八条　ATA单证册项下暂时进出境货物在境内外停留期限超过ATA单证册有效期的，ATA单证册持证人应当向原出证机构续签ATA单证册。续签的ATA单证册经主管地海关确认后可以替代原ATA单证册。

续签的ATA单证册只能变更单证册有效期限和单证册编号，其他项目应当与原单证册一致。续签的ATA单证册启用时，原ATA单证册失效。

第二十九条　ATA单证册项下暂时进境货物未能按照规定复运出境或者过境的，ATA核销中心应当向中国国际贸易促进委员会（中国国际商会）提出追索。自提出追索之日起9个月内，中国国际贸易促进委员会（中国国际商会）向海关提供货物已经在规定期限内复运出境或者已经办理进口手续证明的，ATA核销中心可以撤销追索；9个月期满后未能提供上述证明的，中国国际贸易促进委员会（中国国际商会）应当向海关支付税费和罚款。

第三十条　ATA单证册项下暂时进境货物复运出境时，因故未经我国海关核销、签注的，ATA核销中心凭由另一缔约国海关在ATA单证上签注的该批货物从该国进境或者复运进境的证明，或者我国海关认可的能够证明该批货物已经实际离开我国境内的其他文件，作为已经从我国复运出境的证明，对ATA单证册予以核销。

第五章 附 则

第三十一条 违反本办法，构成走私行为、违反海关监管规定行为或者其他违反海关法行为的，由海关依照《海关法》和《中华人民共和国海关行政处罚实施条例》的有关规定予以处理；构成犯罪的，依法追究刑事责任。

第三十二条 从境外暂时进境的货物转入海关特殊监管区域和保税监管场所的，不属于复运出境。

第三十三条 对用于装载海关监管货物的进出境集装箱的监管不适用本办法。

第三十四条 暂时进出境物品超出自用合理数量的，参照本办法监管。

第三十五条 本办法有关用语的含义：

展览会、交易会、会议以及类似活动是指：

（一）贸易、工业、农业、工艺展览会，以及交易会、博览会；

（二）因慈善目的而组织的展览会或者会议；

（三）为促进科技、教育、文化、体育交流，开展旅游活动或者民间友谊而组织的展览会或者会议；

（四）国际组织或者国际团体组织代表会议；

（五）政府举办的纪念性代表大会。

在商店或者其他营业场所以销售国外货物为目的而组织的非公共展览会不属于本办法所称展览会、交易会、会议以及类似活动。

展览品是指：

（一）展览会展示的货物；

（二）为了示范展览会展出机器或者器具所使用的货物；

（三）设置临时展台的建筑材料以及装饰材料；

（四）宣传展示货物的电影片、幻灯片、录像带、录音带、说明书、广告、光盘、显示器材等；

（五）其他用于展览会展示的货物。

包装材料，是指按原状用于包装、保护、装填或者分离货物的材料以及用于运输、装卸或者堆放的装置。

主管地海关，是指暂时进出境货物进出境地海关。境内展览会、交易会、会议以及类似活动的主管地海关为其活动所在地海关。

第三十六条　本办法所规定的文书由海关总署另行制定并且发布。

第三十七条　本办法由海关总署负责解释。

第三十八条　本办法自2018年2月1日起施行。2007年3月1日海关总署令第157号公布的《中华人民共和国海关暂时进出境货物管理办法》、2013年12月25日海关总署令第212号公布的《海关总署关于修改〈中华人民共和国海关暂时进出境货物管理办法〉的决定》同时废止。

关于明确进出境船舶改营境内运输监管有关事项的公告

（海关总署公告 2022 年第 70 号）

为进一步深化海关监管作业无纸化改革，便利和规范进出境船舶改营境内运输相关手续办理，现就有关事项公告如下：

一、本公告适用于国际航行船舶、来往港澳小型船舶等进出境船舶改营境内运输，以及再次改营进出境运输的海关监管。

二、船舶在经营进出境运输（含境内续驶）期间，按《中华人民共和国海关进出境运输工具监管办法》实施监管。

三、进出境船舶需改营境内运输的，运输工具负责人应当在向海关提交《中华人民共和国海关船舶进境申报单》《中华人民共和国海关船舶进港申报单》电子数据时，在"海关业务类型"数据项填报代码5（改营境内运输）。

在进口货物、物品卸载完毕或者进境旅客全部下船以后，运输工具负责人向海关提交运输工具结关电子申请；海关进行审核，确认相关监管要求已完成后，反馈运输工具结关电子通知，准予运输工具解除海关监管，同时将船舶备案信息由"进出境运输"更新为"改营境内运输"。

四、已改营境内运输的船舶，如需再改营进出境运输的，运输工具负责人应当在向海关提交《水运进出境运输工具离港航行计划》电子数据时，在"是否由境内运输改营进出境运输"数据项填报代码1（改营进出境运输）。海关进行审核后，将船舶备案信息由"改营境内运输"更新为"进出境运输"。

五、进出境船舶改营境内运输时，留存船上的船用物料、燃料、烟、酒超出自用合理数量范围的，应当按照进口货物的有关规定办理海关手续，或调拨至其他进出境船舶。

改营境内运输后使用的船用物料、燃料、烟、酒，不再享受国际航行船舶的免税优惠。

六、海关对改营船舶工作人员的监管，按照进出境旅客相关规定执行。

特此公告。

海关总署

2022年8月1日

中华人民共和国海关过境货物监管办法

（2022年9月26日海关总署令第260号公布
自2022年11月1日起施行）

第一条 为了加强海关对过境货物的监督管理，维护国家的主权、安全和利益，促进贸易便利化，根据《中华人民共和国海关法》《中华人民共和国生物安全法》《中华人民共和国进出境动植物检疫法》及其实施条例、《中华人民共和国国境卫生检疫法》及其实施细则以及相关法律法规的有关规定，制定本办法。

第二条 本办法所称过境货物是指由境外启运，通过中国境内陆路继续运往境外的货物。

同我国缔结或者共同参加含有货物过境条款的国际条约、协定的国家或者地区的过境货物，按照有关条约、协定规定准予过境。其他过境货物，应当经国家商务、交通运输等主管部门批准并向进境地海关备案后准予过境。法律法规另有规定的，从其规定。

第三条 下列货物禁止过境：

（一）来自或者运往我国停止或者禁止贸易的国家或者地区的货物；

（二）武器、弹药、爆炸物品以及军需品，但是通过军事途径运输的除外；

（三）烈性毒药，麻醉品和鸦片、吗啡、海洛因、可卡因等毒品；

（四）危险废物、放射性废物；

（五）微生物、人体组织、生物制品、血液及其制品等特殊物品；

（六）外来入侵物种；

（七）象牙等濒危动植物及其制品，但是法律另有规定的除外；

（八）《中华人民共和国进出境动植物检疫法》规定的禁止进境物，但是法律另有规定的除外；

（九）对中国政治、经济、文化、道德造成危害的；

（十）国家规定禁止过境的其他货物。

第四条 过境货物自进境起到出境止，应当接受海关监管。

过境货物，未经海关批准，任何单位和个人不得开拆、提取、交付、发运、调换、改装、抵押、质押、留置、转让、更换标记、移作他用或者进行其他处置。动植物、动植物产品和其他检疫物过境期间未经海关批准不得卸离运输工具。

第五条 承担过境货物境内运输的运输工具负责人（以下简称"运输工具负责人"），应当经国家有关部门批准开展过境货物运输业务，并按照规定在海关备案。

第六条 过境货物自进境起到出境止，应当按照交通运输主管部门规定的路线运输，交通运输主管部门没有规定的，由海关规定。

运输动物过境的，应当按照海关规定的路线运输。

第七条 过境动物以及其他经评估为生物安全高风险的过境货物，应当从指定的口岸进境。

第八条 运输工具负责人应当提交过境货物运输申报单，向进境地海关如实申报。

过境货物为动植物、动植物产品和其他检疫物的，应当提交输出国家或者地区政府动植物检疫机关出具的检疫证书；过境货物为动物的，还应当同时提交海关签发的动物过境许可证；过境货物为两用物项等国家限制过境货物的，应当提交有关许可证件。

第九条 过境货物运抵进境地，经进境地海关审核同意，方可过境运输。依法需要检疫的，应当在检疫合格后过境运输。过境动物的尸体、排泄物、铺垫材料及其他废弃物，必须依法处理，不得擅自抛弃。

过境货物运抵出境地，经出境地海关核销后，方可运输出境。

第十条 过境货物不得与其他进出境货物、物品混拼厢式货车或者集装箱进行运输。

第十一条 海关可以对载运过境货物的境内运输工具或者集装箱加施封志，任何人不得擅自开启或者损毁。

第十二条 过境货物运离进境地后、运抵出境地前需要换装运输工具、集装箱的，运输工具负责人应当向换装地海关申请办理过境运输换装手续。

过境货物应当在经海关指定或者同意的仓库或者场所内进行换装作业，危险化学品、危险货物应当在有关部门批准的具备安全作业条件的地点进行换装作业。

第十三条 具有全程提运单的过境货物，境内运输期间需要换装运输工具、集装箱的，运输工具负责人可以一次性向进境地海关和换装地海关申请办理过境运输以及换装手续。

第十四条 海关根据工作需要，可以派员押运过境货物，运输工具负责人应当提供方便。

第十五条 海关认为必要时，可以查验过境货物，运输工具负责人应当到场配合。

第十六条 除不可抗力原因外，过境货物在境内发生灭失或者短少的，运输工具负责人应当向进境地海关办理相关海关手续。

第十七条 过境货物自运输工具申报进境之日起超过三个月未向海关申报的，视为进口货物，按照《中华人民共和国海关法》等法律法规的有关规定处理。

第十八条　过境货物应当自运输工具申报进境之日起六个月内运输出境；特殊情况下，经进境地海关同意可以延期，但是延长期限不得超过三个月。

过境货物超过前款规定期限三个月未运输出境的，由海关提取依法变卖处理。法律法规另有规定的，从其规定。

第十九条　过境货物不列入进出口货物贸易统计，由海关实施单项统计。

第二十条　过境货物未申报或者申报不实的，海关可以予以警告或者处三万元以下罚款。

其他违反本办法规定的，海关按照相关法律法规予以处罚；构成犯罪的，依法追究刑事责任。

第二十一条　本办法由海关总署负责解释。

第二十二条　本办法自 2022 年 11 月 1 日起施行。1992 年 9 月 1 日海关总署令第 38 号公布、根据 2010 年 11 月 26 日海关总署令第 198 号、2018 年 5 月 29 日海关总署令第 240 号修改的《中华人民共和国海关对过境货物监管办法》同时废止。